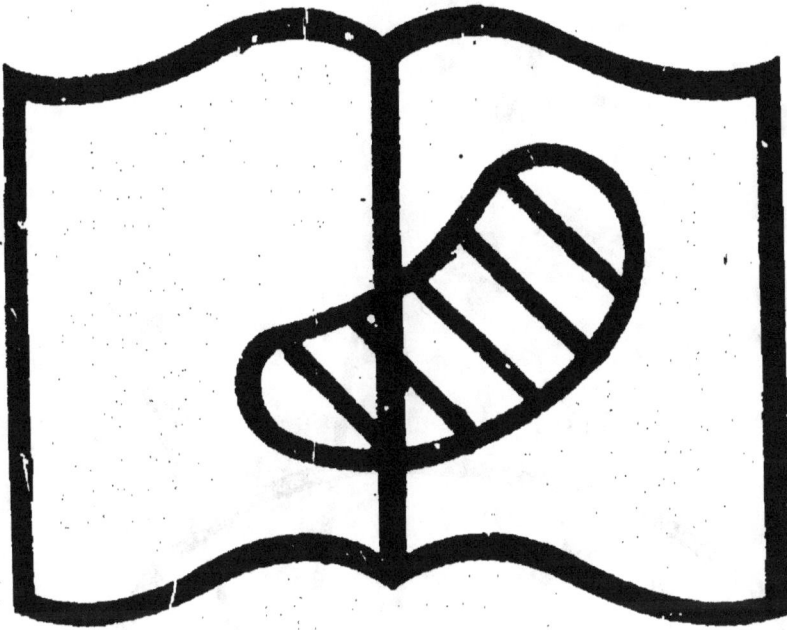

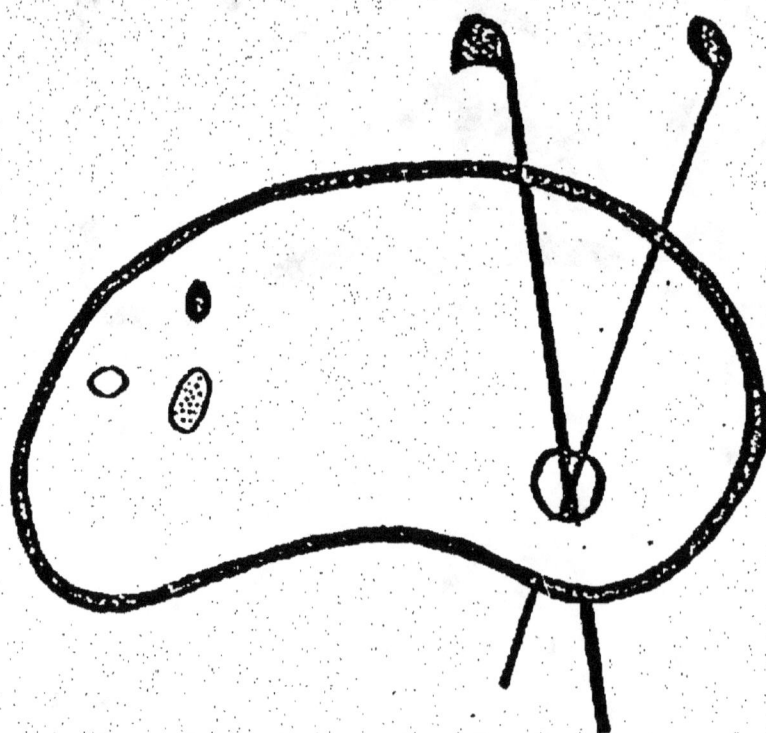

DEBUT D'UNE SERIE DE DOCUMENTS
EN COULEUR

✛

ASSOCIATION DES DAMES FRANÇAISES

DE LA CROIX-ROUGE

10, Rue Gaillon — PARIS

SECOURS DONNÉS

AUX

Victimes des Inondations

DE PARIS

ET DES DÉPARTEMENTS

(Janvier et Février 1910)

RAPPORT GÉNÉRAL DU COMITÉ CENTRAL

AMIENS

IMPRIMERIE A. GRAU, Succr de Piteux Frères

21, rue des Augustins, 21

1910

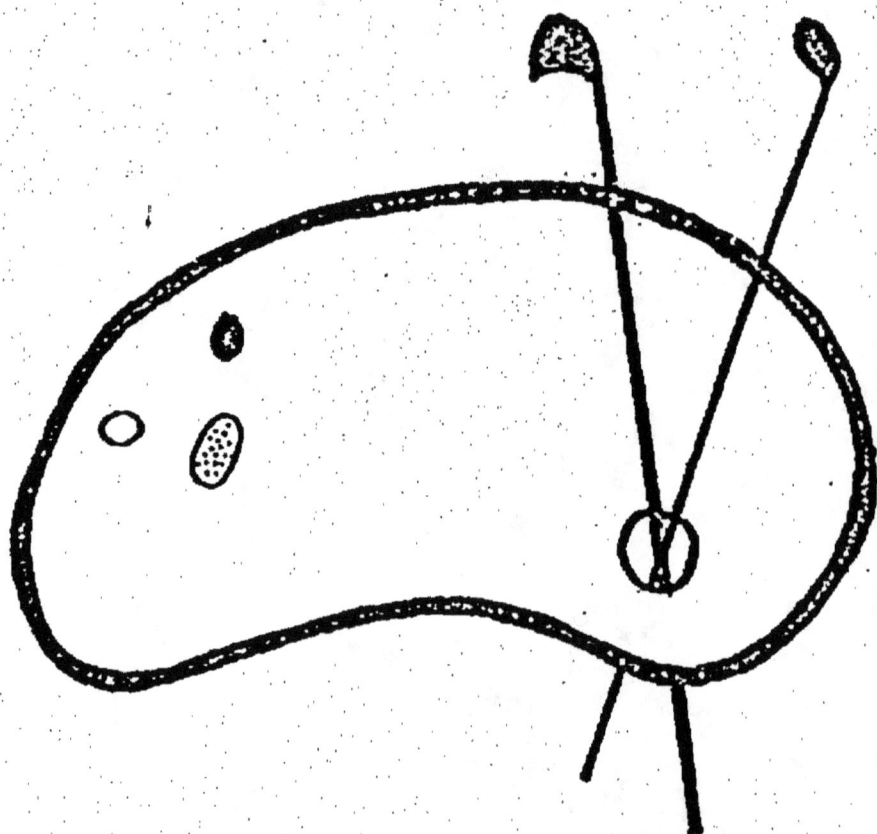

FIN D'UNE SERIE DE DOCUMENTS
EN COULEUR

ASSOCIATION DES DAMES FRANÇAISES

DE LA CROIX-ROUGE

10, Rue Gaillon — PARIS

SECOURS DONNÉS

AUX

Victimes des Inondations

DE PARIS

ET DES DÉPARTEMENTS

(Janvier et Février 1910)

RAPPORT GÉNÉRAL DU COMITÉ CENTRAL

AMIENS

IMPRIMERIE A. GRAU, Succr DE PITEUX FRÈRES

21, rue des Augustins, 21

1910

AVANT-PROPOS

~~~~~~~~

Les Inondations de Janvier 1910 à Paris et dans ses environs.

Notre intention n'est pas d'en donner un récit détaillé, ni même d'envisager cette catastrophe sous ses différentes faces ; nous voulons seulement en esquisser les grands traits, dans leurs rapports avec l'organisation des secours volontaires, objet principal de cette publication ; nous rappellerons donc brièvement la nature et l'étendue des désastres, afin de faire ressortir la nature et l'étendue des secours qu'ils rendaient nécessaires.

Plusieurs journées de grandes pluies, de neige, de violentes tempêtes et de débordements des rivières dans les départements de l'Est, du Nord, et même du Midi de la France furent les signes précurseurs de l'inondation qui s'annonça dans Paris le 20 Janvier ; le lendemain la gare du quai d'Orsay, puis le Ministère des Affaires étrangères, les chantiers du Métropolitain nord-sud sont envahis, puis tous les quais le long de la Seine et les rues qui y débouchent, et les jours suivants, les 12ᵉ, 13ᵉ, 15ᵉ et 16ᵉ arrondissements sont en grande partie couverts d'une eau jaunâtre et d'une boue gluante et pestilentielle, mélange des eaux terreuses de la Seine et des égouts de Paris. Par les égouts et les tranchées du Métropolitain, l'eau gagne même la place de l'Opéra et la gare de l'Ouest, et dans tous ces endroits il ne s'agit pas de quelques centimètres ; dans la gare d'Orsay il y a 1ᵐ30, à la gare Saint-Michel 2ᵐ30 ; au bout de trois jours elle atteignait plusieurs mètres de hauteur sur les rails de la gare d'Orsay, et la pluie tombait sans interruption.

Conséquences : La navigation de la Seine est arrêtée, les eaux touchant la voûte des ponts ; les dépôts de bois et de matériaux sur les bords du fleuve sont emportés ou engloutis ; dans une grande partie de la ville l'eau potable fait défaut ; il n'y a plus d'éclairage au gaz, d'éclairage électrique, plus de téléphone, les travaux de constructions et ceux de beaucoup d'usines sont impossibles ; 150,000 ouvriers sans ouvrage ou sinistrés, chassés de leurs demeures, demandent des asiles et du pain ; l'autorité fait venir des marins et des troupes du génie, on organise une flottille de barques, de canots de toile et des radeaux pour sauver les sinistrés réfugiés dans les étages supérieurs ou sur les toits, pour transporter les malades, et les rues de Paris sont, comme celles de Venise, transformées en canaux sur lesquels circulent des flottilles improvisées pour faire passer des vivres aux habitants qui, heureusement, ne s'affolent pas et conservent leur sang-froid même en présence d'un péril imminent.

Le 28 janvier, la crue atteignait son maximum ; le fleuve est déchaîné et presque partout il a renversé les barrages de fortune ; à la fin du mois de février, les caves des rues voisines de la Seine, n'avaient pas encore été vidées, il y restait 70 centimètres d'eau.

Si navrante que soit cette situation des Parisiens, elle n'est rien pourtant à côté des désastres, des ruines et des périls qui se sont accumulés dans la banlieue ; le nombre des communes atteintes par le fléau est terrifiant, c'est Charenton, Nogent-sur-Marne, Maisons-Alfort, Alfortville, Ile Saint-Pierre, Savigny-sur-Orge, Juvisy, Ivry, Vitry, Gennevilliers, Petit-Vaux, Joinville, Champigny, Bry-sur-Marne, Saint-Maur, Thiais, Ablon, Bonneuil, Villeneuve-Saint-Georges, Villeneuve-Triage, Montereau, Crosne, Draveil, Corbeil, Melun. D'un autre côté, le Vésinet, le Pecq, Chatou, Bougival, Conflans, les Mureaux, Argenteuil, Sèvres, Saint-Cloud, le Bas-Meudon, Levallois-Perret, Clichy-la-Garenne, Asnières, Gennevilliers, Puteaux, Boulogne, Billancourt, Neuilly, Courbevoie, Nanterre, et au Nord, Montmorency, Ile Saint-Denis, Enghien et les pays voisins, Pontoise et les pays voisins.

Dans toutes ces localités, il y a des quartiers noyés, des maisons remplies d'eau jusque 2 et 3 mètres, des murs renversés ou éventrés par le choc furieux des eaux, des matériaux de toutes sortes, des marchandises, des meubles, des bestiaux même, flottant partout et formant des épaves sinistres et dangereuses ; impossible aujourd'hui de donner le nombre des malheureux sinistrés, cependant on peut s'en faire une idée approximative par les quelques renseignements que nous possédons : à Nanterre par exemple, 400 maisons ou usines noyées ; à Colombes, 4,000 sinistrés ; à Choisy-le-Roi, 4,000 sans abri ; à Alfortville, 7,800 commerçants dont les magasins sont submergés et les marchandises détruites, 18,000 sinistrés ; à Ivry, 22,000 ouvriers ou pauvres gens sans ressources ; à Saint-Maur-les-Fossés, dans la boucle de la Marne, l'invasion de l'eau a été foudroyante, 2,000 maisons ont été atteintes, il y a eu 6,000 sinistrés, 3,000 personnes ont été sauvées à l'aide des bateaux, on compte trois millions de dégâts ; à Charenton, 38,000 sinistrés. Vers la fin de l'inondation, alors qu'on pouvait croire le péril conjuré, la digue de Gennevilliers a cédé et trois communes ont été surprises en plein sommeil par l'envahissement ; des scènes déchirantes se sont produites, nous renonçons à les décrire.

Et puis encore, toutes les plaines sont envahies autour de Paris, ce n'est plus que de vastes lacs, desquels émergent des pointes de clochers et des têtes d'arbres ; partout c'est la ruine, et les chemins de fer de Lyon-Méditerranée et d'Orléans, cernés eux-mêmes ou déjà envahis, sont obligés de changer leurs itinéraires ou de retrancher des trains. De tous côtés on demande des secours à Paris ; des milliers de malheureux sans ressources y affluent quand ils peuvent y parvenir. La baisse des eaux a commencé le 30, elle s'effectue lentement et, trente-cinq jours après, les environs de Paris à l'arrivée des lignes de Lyon et d'Orléans présentaient encore l'aspect lugubre de maisons éventrées, de cultures maraîchères bouleversées et d'une épaisse couche d'eau que la terre refusait d'absorber et qui couvrait bien des milliers d'hectares.

Tels sont les principaux traits du désastre qui a frappé Paris et sa banlieue ; avec raison on l'a qualifié de désastre national ; tantôt sournois et imprévu, tantôt violent et rapide, le fléau de l'inondation a surpris la population avant qu'elle ait pu préparer sa défense ; malgré cela il est juste de reconnaître que l'Administration a déployé une grande énergie pour combattre le fléau, mais il faut surtout rendre un reconnaissant hommage à l'esprit de charité et de fraternité qui a soufflé alors par toute la capitale ; il a de suite enfanté des prodiges de générosité, de bonté, d'activité et même de bravoure ; les trois Sociétés de la Croix-Rouge en particulier se sont montrées, dès les premiers jours, non seulement à la hauteur des circonstances, mais elles ont même dépassé tout ce qu'on était en droit d'attendre de leurs efforts.

Parmi elles, l'*Association des Dames Françaises*, qui possédait depuis longtemps des Comités dans toute la région sinistrée, s'est distinguée. Les femmes dévouées qui composent ses Comités étaient toutes préparées par leurs antécédents ; beaucoup d'entre elles ont fait preuve d'initiative courageuse ou de bienfaisance raisonnée, évitant les prodigalités, les doubles emplois et les ruses des faux besogneux ; beaucoup de Comités ont concerté leurs efforts avec ceux de l'armée, des municipalités, du clergé, et cette entente a eu d'excellents résultats à tous les points de vue ; le bien qu'ils ont fait ainsi aux sinistrés est vraiment considérable ; que n'eût-il pas été si les ressources pécuniaires avaient été plus abondantes et surtout si elles nous étaient arrivées un peu plus tôt !

En quoi ce bien a-t-il consisté ? Voici comment nous avons compris l'action de l'Association : donner à manger à ceux qui avaient faim ; vêtir ceux qui l'étaient insuffisamment ; assurer le logis provisoire et un coucher capable de réparer les fatigues ; soigner les malades ; soigner particulièrement les enfants. Puis, plus tard, quand les sinistrés pourraient rentrer dans leurs logements redevenus habitables, donner le mobilier familial le plus indispensable et payer, s'il le fallait, le premier terme du loyer ; en un mot donner les *secours urgents*. Quant au reste, mobilier commercial ou industriel, il nous a paru que c'était à l'Administration d'y pourvoir avec les 100 millions votés par les Chambres.

Comment ce programme a-t-il été rempli ? La lecture des Rapports envoyés par les Comités va nous le montrer ; mais avant de reproduire ces rapports, nous tenons à dire que si, malgré les difficultés des premiers moments, toute l'organisation a pu être rapidement faite et conduite avec méthode et fermeté, nous en sommes redevables au travail des jours et des nuits, à l'impartialité intelligente et bienveillante que trois de nos plus précieux collaborateurs ont déployée pendant deux mois ; c'est un devoir pour nous de livrer leurs noms à la reconnaissance de tous les amis de l'Association et d'offrir à MM. MEAUX SAINT-MARC, DELAPLANE et GABRIELLI, étroitement unis par les mêmes sentiments durant ces tristes jours des inondations, nos remerciements les plus chaleureux.

D^r DY.

CHAPITRE Ier

APERÇU GÉNÉRAL

Sur l'Action du Comité central pendant les Inondations.

Dès les premières heures de l'inondation, l'*Association des Dames Françaises* s'est mise courageusement à l'œuvre. Grâce au généreux concours financier du *Syndicat de la Presse Parisienne*, grâce aux dons qui lui ont été apportés à son siège, 10, rue Gaillon, elle a installé à Paris des refuges :

RUE MICHEL-ANGE, 93, à son Hôpital modèle,
en sus du service des malades . . . . . 60 lits.
BOULEVARD EXELMANS, dans les locaux du
Tennis-Club . . . . 150 lits.
BOULEVARD PASTEUR, n° 29. . . . . . . 150 lits.
RUE GUSTAVE-ZÉDÉ . . . . 30 lits.
IMPRIMERIE NATIONALE, rue de la Convention . 150 lits.

Dans ces locaux ont fonctionné des fourneaux où nos Dames de bonne volonté ne reculaient pas devant la confection des repas pour les Sinistrés.

Mais c'est surtout dans la banlieue que sa forte organisation d'ancienne date lui permit, grâce aux concours des Municipalités, de faire, par l'intermédiaire de ses Comités locaux, un bien immense, qu'elle chercha à rendre rapide et éclairé.

Car ce sont les populations de la banlieue qui ont le plus souffert, c'est là surtout qu'il a fallu porter, dès la première heure, des secours d'urgence ; tous nos vaillants Comités ont fait bravement tête au désastre par l'installation de refuges improvisés, des repas distribués, des soins prodigués dans des ambulances volantes, par des répartitions de vêtements, chaussures, couvertures, etc.

On s'est attaché à éviter tout gaspillage, et nos généreux donateurs, parmi lesquels figurent au premier rang le Syndicat de la Presse Parisienne, la Croix-Rouge italienne et la Croix-Rouge russe, la Compagnie des Chemins de fer d'Orléans, etc., etc., peuvent être assurés que ce sont les vrais Sinistrés qui ont touché et toucheront argent, vivres, vêtements et objets mobiliers. Le détail de tout ce qui a été fait sera donné plus tard, à tête reposée ; contentons-nous de signaler les noms de nos Comités qui font et continuent de faire de bonne besogne :

En Amont de Paris : Ablon, Juvisy, Corbeil, Moret, Melun, Savigny-sur-Orge, Villeneuve-Saint-Georges, Choisy-le-Roi, Vitry, Ivry-sur-Seine, Charenton, Vincennes, Fontenay-sous-Bois, Nogent-sur-Marne, Gentilly, Arcueil-Cachan, Montrouge, Sceaux, Longjumeau, Maisons-Alfort.

En Aval de Paris : Asnières, Clichy, Colombes, Courbevoie, Bois-Colombes, Boulogne-sur-Seine, Gennevilliers, Levallois-Perret, Nanterre, Neuilly-sur-Seine, Suresnes, Sèvres-Meudon, Saint-Denis, Chatou, Saint-Germain-en-Laye, Puteaux, Garches-Vaucresson, Billancourt-Saint-Cloud, Montmorency-Écouen, Pontoise.

Une fois les premiers secours d'urgence distribués, voici la circulaire que le Comité central a cru devoir envoyer à ses Comités locaux :

Paris, le 10 Février 1910.

Voici le moment où la baisse des eaux va permettre aux Sinistrés de réintégrer leurs logements désinfectés. Qu'y trouveront-ils ? Rien. Leur modeste mobilier a disparu, surtout chez ceux qui habitaient le rez-de-chaussée. C'est la misère noire.

L'Association des Dames Françaises (Croix-Rouge Française) se préoccupe de cette situation intéressante et demande à tous ses Comités de banlieue, éprouvés par l'inondation, de faire le recensement de tous les ménages qui ont ainsi perdu leurs objets mobiliers.

Elle voudrait pouvoir attribuer 150 francs par ménage composé du père, de la mère et d'un enfant ; avec cette somme elle pense pouvoir lui donner un lit, un matelas, une paillasse, un traversin, trois chaises, une table et quelques ustensiles indispensables de cuisine. Elle ajouterait 25 francs par enfant pour le lit supplémentaire.

Son intention serait que ce mobilier embryonnaire fût acheté par le Comité, dans la localité même et de préférence chez les marchands sinistrés, de façon à réaliser une double bonne œuvre.

Elle appelle l'attention de tous les Comités suburbains sur la nécessité de procéder à cette enquête dans les meilleures conditions d'équité, d'indépendance et d'économie, car il faut toujours avoir en vue que les ressources dont elle dispose sont limitées et qu'il faut venir en aide au plus grand nombre possible de malheureux.

L'Association croit devoir rappeler à tous ses Comités, surtout dans cette période qui précède de peu les élections, qu'elle n'a jamais fait de politique, et que ce n'est pas pour elle le moment de se jeter dans la lutte des partis, à une heure où tous les bons Français ne doivent avoir d'autre souci que le soulagement des maux et de la misère occasionnés par ce désastre national.

Tout mobilier sera remis aux intéressés après constitution d'une fiche en double expédition, dont vous voudrez bien remettre l'une au Comité central, gardant l'autre par devers vous.

EXPLICATIONS COMPLÉMENTAIRES AUX COMITÉS POUR LA RECONSTITUTION DES MOBILIERS.

Tenir compte, s'il y a lieu, des parties de mobilier sauvées des eaux, et n'allouer aux ménages que la part proportionnelle qui leur revient pour les parties perdues.

En cas de perte totale : Admettre en première ligne les ménages dont le père est malade ou sans travail. Admettre en seconde ligne les ménages dont la mère est malade ou sans travail. Admettre en troisième ligne les ménages dont l'enfant est malade.

Dans le cas de plusieurs enfants : Faire passer d'abord les ménages qui ont les enfants les plus jeunes.

Dans le cas de plusieurs ménages venant sur la même ligne dans des conditions égales : Donner la préférence aux ménages pourvus du plus grand nombre d'enfants.

Pour le cas où les Comités ne pourraient pas se procurer les objets nécessaires dans la localité et pour ce cas seulement : Le Comité central, 10, rue Gaillon, fournirait aux Présidentes les adresses de fabricants qui auraient consenti la livraison des fournitures les meilleures et au plus bas prix, savoir : Lits en fer, matelas, paillasses, traversins, draps, couvertures, tables en bois blanc, chaises cannées, ustensiles de cuisine.

Prière, pour la reddition des comptes au Comité central, d'ouvrir un chapitre spécial : *Reconstitution des mobiliers.*

Parmi tant de misères, une de celles qui ont le plus vivement ému l'*Association des Dames Françaises* a été celle des enfants sinistrés. Avec le concours de certaines municipalités et d'âmes compatissantes, elle a pu, en s'entourant de toutes les garanties désirables, diriger jusqu'à ce jour (9 mars) : 1º à Montfort-l'Amaury (S.-et-O.), 9 enfants ; 2º à Soissons (Aisne), 33 enfants ; 3º dans différents endroits choisis par la Société *Colonie de vacances*, 32 enfants ; 4º à Arcachon (Gironde), 68 enfants ; 5º de plus, 30 enfants parisiens hospitalisés à Nice par les soins des Dames Françaises du Comité de cette ville, soit, au total 172 enfants (fillettes et garçons) de 6 à 12 ans.

L'Association ne considère pas d'ailleurs son rôle comme terminé de ce chef et de nouveaux départs d'enfants sont en préparation.

Au point de vue financier, la tableau ci-après suffira à donner une idée de la façon dont l'Association a opéré.

1º *Montant des souscriptions versées au Comité central, à la date du 9 mars 1910 : 365,969 fr. 70.*

2º *Dépenses faites par le Comité central, à la date du 9 mars 1910 :*

Secours d'urgence (hospitalisation et vivres)	68.800 fr.	»»
Achat de vêtements, linge, chaussures, etc	31.878	60
Dons faits directement à titre exceptionnel	1.895	25
Allocations aux ouvroirs faisant travailler les femmes sinistrées qui gagnent leurs journées et dont le produit du travail retourne aux sinistrés	1.500	»»
Pour la reconstitution du mobilier	222.086	65
Frais de voyages, enfants et vieillards sinistrés (Montfort-l'Amaury, Soissons, Arcachon, Colonies scolaires) . . .	847	70
Indemnités au petit personnel pour travail supplémentaire. .	1.350	»»
Frais généraux	874	75
TOTAL. . . .	329.202	95

La tâche de notre œuvre est loin d'être terminée : il reste de nombreuses infortunes à secourir, et l'on peut être assuré que l'Association sera jusqu'au bout à la hauteur de sa mission.

L'état ci-dessus ne comprend que les opérations du Comité

central, et encore ne comprend-il pas les dons très importants en nature (vêtements, vivres) distribués directement par ses soins.

D'autre part, il convient de signaler que beaucoup de nos Comités locaux ont, de leur propre initiative, ouvert des souscriptions dont le montant s'est élevé à des sommes assez considérables, et que ces mêmes Comités ont procédé par eux-mêmes à des distributions dans toutes les localités sinistrées. Ils ont également reçu de nombreux dons en nature qui ont été employés par eux de la même façon.

9 Mars 1910 (1).

(1) On trouvera, à la fin de la présente brochure, l'état récapitulatif des opérations financières du Comité central de l'Association.

CHAPITRE II

SECOURS DANS PARIS

RAPPORT SUR LES SECOURS DISTRIBUÉS
aux Inondés des XVe et XVIe Arrondissements
à *l'Hôpital des Dames Françaises*
(Janvier et Février 1910).

Reçu du Comité central pour dépenses d'installation et de fonctionnement . . . . 10.017 fr. 90

Les secours organisés à *l'Hôpital des Dames Françaises*, sous la haute direction de Mme l'Amirale JAURÈS et de Mme Ernest CARNOT, peuvent être divisés en quatre sections :

1° Secours de couchage ;
2° Secours en vêtements ;
3° Secours en aliments ;
4° Secours en objets mobiliers.

1° **Secours de couchage.** — Le 23 janvier, la crue subite et considérable de la Seine oblige les habitants des quais et des rues avoisinantes à quitter leurs demeures. Le 24 un dortoir est organisé dans la salle des Cours de l'Hôpital et 25 hommes y sont reçus dès le lendemain.

Ce dortoir fut d'abord réservé aux hommes, puis à partir du 30, lorsque le local mis à la disposition de l'Association par le Tennis-Club de France fut prêt, il fut exclusivement ouvert aux femmes et aux enfants jusqu'à la fin de février.

Devant la persistance du fléau, Mme Ernest CARNOT, après de nombreuses et longues démarches, obtint l'autorisation d'installer des couchages dans le Tennis-Club, couvert et chauffé, du *boulevard Exelmans*.

150 couchages y furent organisés en trois jours et les hospitalisés y furent admis à partir du 30 janvier. Le nombre des réfugiés ne fut pas aussi grand qu'on l'avait pensé, parce que six jours déjà s'étaient écoulés depuis le commencement de l'inondation et que la plupart de ces malheureux avaient déjà trouvé asile dans d'autres locaux.

Ce vaste dortoir resta ouvert jusqu'au 15 février et, à cette date, ceux qui y venaient encore, très peu nombreux du reste, furent envoyés à notre refuge de l'Imprimerie nationale, rue de la Convention.

L'Association n'en doit pas moins tous ses remerciements aux membres du Tennis-Club et, en cas de besoin, il est à noter que ces grands abris, bien organisés et chauffés, pourraient rendre de réels services.

Pour la préparation de ces 150 couchages, de nombreuses Dames vinrent le vendredi et le samedi, à l'Hôpital, coudre des paillasses, des traversins, et préparer les objets nécessaires à cette organisation, qui fut faite avec une rapidité remarquable dès que l'autorisation eut été obtenue.

Entre temps, M. UGINET, propriétaire, *11, rue Gustave Zédé*, nous avait offert un appartement où 20 lits furent installés et occupés jusqu'à fin février par des familles, des femmes et des enfants.

Un certain nombre de ceux-ci venait manger à l'Hôpital ; les autres étaient, en partie, alimentés par les habitants de la maison et des maisons voisines.

2° **Secours en vêtements.** — La distribution des vêtements provenant, soit de dons, soit d'achats faits par l'Association, commença le 27 janvier, sous la direction de Mme LARGIER, puis, après le départ de Mme LARGIER, sous celle de Mme THURNEYSSEN.

L'organisation en fut parfaite ; ces Dames, après avoir préalablement mis en ordre les effets reçus, selon leur nature et leur taille, faisaient entrer à tour de rôle les inondés attendant dans un couloir voisin et qui avaient reçu à leur arrivée un numéro d'ordre ; puis, après un interrogatoire sommaire et la constatation de leur identité, remettaient à chacun les objets les plus indispensables pour attendre le jour où ces malheureux pourraient rentrer dans leurs demeures.

La liste des objets donnés était inscrite sur un livret individuel avec le timbre de l'Association pour éviter qu'une personne ainsi secourue pût aller redemander les mêmes objets dans une autre Société.

La distribution fut d'abord faite deux fois par jour, le matin de 10 heures à midi et dans la journée de 2 heures à 4 heures.

Lorsque les secours les plus urgents eurent été distribués, elle n'eut plus lieu que de 2 heures à 4 heures.

3° **Secours en aliments.** — La persistance de l'inondation rendit bientôt nécessaire l'organisation d'un fourneau alimentaire. Décidée le 28 janvier, la distribution des aliments fut commencée le 29, sous l'excellente et intelligente direction de Mᵐᵉ VICQ, qui mérite les plus grands éloges; se chargeant des achats, de la préparation des aliments et de la distribution, elle y consacrait toutes ses journées, ne mesurant ni son temps, ni sa peine. Elle trouva facilement vingt-cinq auxiliaires zélées et exactes pour l'heure des repas.

Ces repas étaient servis à 11 heures du matin et à 5 heures du soir et comprenaient : potage, viande, légumes, fromage, un verre de vin, du lait pour les jeunes enfants, du pain à discrétion. Les mets bien préparés, la table proprement servie ont laissé aux malheureux qui en ont profité un souvenir reconnaissant pour l'hospitalité des Dames Françaises. Les Dames ont dû faire des prodiges d'activité, le matériel et la place manquant pour tant de monde à la fois; elles étaient obligées de faire deux services et de tout laver et essuyer entre les deux séances; tout était terminé en une heure 1/4.

Le réfectoire était installé sous une tente chauffée en face de la cuisine établie dans les bâtiments annexes de l'Hôpital. Les Dames et Demoiselles de service s'acquittaient de leurs fonctions avec un soin et une promptitude remarquables, trouvant pour ces pauvres gens des paroles réconfortantes et des mots d'encouragement qui doublaient le prix du service rendu.

Le fourneau a fonctionné du 29 janvier au 27 février. Il a été distribué 4.125 repas complets.

4° **Secours en mobilier.** — Les secours les plus urgents étant ainsi donnés, il fallait songer à l'avenir et réunir le plus promptement possible les familles dispersées pour leur rendre la tranquillité et la sécurité du foyer. La première, l'Association comprit que son rôle était d'aider, dans la mesure de ses ressources, à cette reconstitution en donnant à chaque famille les objets les plus indispensables : lits, literie, armoires, tables, chaises, objets de cuisine, linge, etc.

Pour que ces secours fussent bien attribués aux personnes éprouvées par l'inondation, il fut convenu que les vingt premiers mobiliers ne seraient délivrés que sur un bon spécial du commissaire de police, qui se chargeait de l'enquête indispensable pour bien établir l'identité de chacun et les pertes subies. Il est juste de remercier ici ce fonctionnaire qui organisa avec beaucoup d'ordre les secours dans le quartier d'Auteuil et se mit à notre entière disposition pour tous renseignements nécessaires et pour nous envoyer des agents de surveillance.

Les mobiliers qui suivirent furent distribués à des familles connues et recommandées par des Dames de l'Association, ou après enquête préalable faite par une Dame déléguée, au domicile des demandeurs.

On exigeait également une quittance de loyer du nouveau local occupé par les inondés, afin de savoir où étaient transportés les objets donnés. Enfin comme dernière mesure contre les fraudes, une feuille, dont le modèle est ci-joint, était signée par le chef de famille, qui reconnaissait à l'Association le droit de reprendre ses dons, si elle le jugeait utile. Il ne fut fait usage de ce droit qu'une seule fois, et le mobilier indûment attribué nous fut rendu par les soins du commissaire de police.

Mmes ADAM et DU BUIT furent mises à la tête de cet important service. Mme DU BUIT fut obligée de quitter après quelques jours et Mme ADAM en resta seule chargée. Elle s'en acquitta à merveille, avec un dévouement digne de tous éloges, parfaitement secondée par Mmes FREY, LIGNEY et PARTIOT, qui méritent également les plus sincères remerciements pour leur zèle et pour l'affabilité qu'elles apportèrent dans leurs relations avec ces pauvres gens, dont la reconnaissance était souvent aussi émouvante que sincère.

Mme ADAM avait été également chargée des achats, ce qui demandait des qualités pratiques toutes spéciales et dont elle s'est acquittée, à l'entière satisfaction de l'Association. La distribution des objets mobiliers a fonctionné régulièrement du 3 février au 20 mars. Il en a été donné à l'Hôpital à 47 familles des XV et XVI° arrondissements et à 10 familles de banlieue. Après le 20 mars, il en a encore été distribué sur les indications de Mme l'Amirale JAURÈS, mais je n'ai eu connaissance ni du nom des titulaires ni de leur nombre.

Ces mêmes Dames sont allées visiter les familles secourues et elles ont pu s'assurer par elles-mêmes que, grâce aux précautions prises, tous ces dons avaient été bien placés et que l'Association avait ainsi rendu un grand service à ceux qui le méritaient réellement.

En résumé, le fonctionnement de ces secours rapidement organisés et pour une cause imprévue, a parfaitement marché. Un peu d'hésitation et de tâtonnement s'est fait sentir pendant les premiers jours, mais dès que des Dames titulaires eurent été mises à la tête de chaque service, avec des instructions bien définies, l'ordre et la régularité n'ont pas cessé de régner. Les Dames auxiliaires firent preuve non seulement de zèle, mais d'une obéissance remarquable aux avis qui leur étaient donnés. Il serait donc utile que, d'avance, des Dames chefs de service fussent désignées pour les divers cas à prévoir, afin qu'au moment du besoin chacune connaisse sa fonction et son poste.

Est-il utile d'ajouter que l'Hôpital a continué de fonctionner comme d'ordinaire et que Mme THIERRY-LADRANGE, obligée de répondre et de recevoir 20 ou 30 personnes par jour, trouva quand même le moyen d'aider de ses conseils et de son expérience les Dames chargées des secours aux inondés.

Témoin des efforts faits par ces Dames, pour adoucir le sort des malheureux éprouvés par le fléau pendant ces pénibles journées, je suis heureux de constater que toutes ont été à la hauteur de leur tâche.

LACHARTRE,
Pharmacien de l'Hôpital.

SPÉCIMEN DES BONS POUR LES MOBILIERS

Bon pour un Mobilier.

L'*Association des Dames Françaises*, dans le désir de permettre aux familles sinistrées, de reconstituer immédiatement leur foyer, leur offre le mobilier, le linge et les différents objets indispensables à l'existence.

Pour le bon ordre et afin d'assurer le bon entretien des objets ainsi remis à chaque famille, la liste en est établie ci-dessous et signée par l'intéressé.

Des Dames de l'Association se réservent de passer ultérieurement à l'adresse de chaque famille pour s'assurer du bon entretien du mobilier et de son utilisation.

Tout objet inutilisé sera rendu. Et, au contraire, tout objet vendu ou donné pourrait entraîner à une poursuite contre l'intéressé.

Signature de l'intéressé : X.

LISTE SPÉCIMEN DE DISTRIBUTION DE MOBILIER
faite à une Famille.

1 grand lit ; 1 matelas laine ; 1 traversin ; 2 oreillers ; 1 couverture laine ; 1 couvre-pieds ; 1 lit une personne ; 1 matelas laine ; 1 traversin ; 1 oreiller ; 1 couverture ; 1 couvre-pieds ; 1 armoire ; 1 table ; 1 table de nuit ; 3 chaises ; 2 descentes de lit ; 1 porte-manteaux ; 1 lampe ; 1 filtre à café ; 1 pot à lait ; 1 cuvette et pot à eau ; 2 plats ; 3 casseroles ; 1 salière ; 1 bouillotte ; 1 saladier ; 1 passoire ; 1 écumoire ; 1 cuillère à pot ; 1 vase de nuit ; 3 bols ; 6 assiettes ; 1 boîte à ordures ; 1 soupière ; 1 cocotte ; 1 poêle à frire ; 1 pot au feu ; 1 seau ; 1 broc ; 2 brosses chiendent ; 1 balai ; 4 serviettes toilette ; 6 torchons ; 2 paires draps ; 3 taies oreiller ; 3 couverts ; 3 couteaux ; 3 verres ; 1 couvert à salade.

SPÉCIMEN DES BILLETS DU COMMISSAIRE DE POLICE

Dames Françaises, 93, rue Michel-Ange.

Famille X.

Le mari, la femme, X enfants X et X ans.

Sans mobilier.

La mère est malade alitée.

Le   Février 1910.

Le Commissaire de Police.

2

RELEVÉ DES VÊTEMENTS ET OBJETS DE COUCHAGE DISTRIBUÉS A L'HOPITAL

Vêtements d'Hommes		Vêtements de Femmes		Vêtements d'Enfants		Objets de Couchage		Layettes	
Vestes.........	77	Jupes..........	41	Vestes.........	16	Paillasses.......	»	Layettes complètes	8
Pantalons......	82	Corsages.......	76	Pantalons.....	21	Traversins.....	123	Langes........	22
Gilets.........	76	Jupons........	92	Chaussures....	16 p.	Couvertures laine	45	Couches......	84
Chemises......	130	Chaussures.....	73 p.	Collets........	17	Draps........	26	Couvertures...	7
Chaussures.....	69 p.	Châles........	57	Chemises.....	47	Couverture coton	1	Brassières.....	45
Pardessus......	28	Camisoles laine.	83	Cols..........	7	Torchons.....	18	Chemises.....	38
Mouchoirs.....	250	Chemises......	135	Caleçons......	5	Taies.........	18	Robes........	29
Bonnets coton..	5	Pantoufles.....	10 p.	Flanelles......	9	Serviettes.....	53	Manteaux.....	4
Chaussettes laine	78 p.	Peignoirs......	9	Bas..........	9 p.	Oreiller........	1	Bonnets.....	18
Chaussettes coton	65 p.	Bas...........	146 p.	Chaussettes....	11 p.		285	Tabliers......	»
Flanelles.......	21	Pantalons......	59	Casquettes....	7			Chaussons.....	12
Caleçons.......	74	Cache-corset...	11	Tabliers......	12			Culottes......	13
Cache-nez et cols	93	Manteaux.....	32	Gilets........	7			Draps........	2
Manchettes.....	19 p.	Mouchoirs.....	72	Tricots........	19			Bas..........	3 p.
Chapeaux......	17	Tabliers.......	3		201				285
Tricots........	18	Corsets........	2						
Cigarettes......	18 p.		901						
	1.120								

RÉCAPITULATION..........	Vêtements d'hommes..................	1.120	⎫
	Vêtements de femmes	901	⎪
	Vêtements d'enfants..................	201	⎬ 2.792
	Objets de couchage..................	285	⎪
	Layettes............................	285	⎭

RAPPORT DE Mmes BINOT,

SUR L'ASILE OUVERT

par l'*Association des Dames Françaises* et dirigé par elles

pendant l'Inondation de Janvier à Mars 1910.

Reçu du Comité central pour dépenses d'installation et de fonctionnement. . . . . 14.528 fr. 25

Le 29 janvier 1910 un asile pour les Inondés a été ouvert dans un
local appartenant à M. Antoine THIRION, *29, boulevard Pasteur*. Ce
local pouvait contenir 300 lits mais 150 seulement furent installés.
Mmes BINOT prirent la direction de l'asile au nom de l'*Association
des Dames Françaises*.

Une enseigne faite et offerte par M. BAUD fut posée au-dessus
de la porte d'entrée.

Le 29 même le Bon Marché, par l'intermédiaire de M. ROUSSEL,
envoya les 150 lits avec tout le matériel nécessaire pour faire fonctionner l'asile.

MM. et Mmes THIRION et M. le Comte d'AIGUY aidèrent beaucoup
à l'installation. M. THIRION fit venir les ouvriers de son usine
(presque mitoyenne avec le boulevard Pasteur) pour faire installer
plomberie, serrurerie, menuiserie, etc., etc. Il alla ensuite avec son
fils aîné et le Comte d'AIGUY déclarer l'ouverture de l'asile au
commissaire de police et au maire du XVe arrondissement.

Nous prîmes alors une surveillante générale, Mlle BERNARDINE, et
une cuisinière; on les a aidées pour le reste des travaux et la distribution des aliments.

Deux dortoirs furent établis, l'un au premier, pour les hommes,
et l'autre au second pour les femmes et les enfants. Dans chaque
dortoir se trouvaient trois poêles installés par M. THIRION. Près du
dortoir des femmes on avait organisé une infirmerie fermée à clef
servant à la consultation du Dr LEGROUX qui venait tous les jours.
Le Docteur fit 51 vaccinations, beaucoup prirent et nécessitèrent
des pansements sérieux.

Dans chaque dortoir se trouvaient trois lavabos et deux cabinets d'aisance, ce qui facilitait considérablement le service.

Au rez-de-chaussée on installa un réfectoire dans lequel les hospitalisés se tenaient pendant la journée.

Un gardien de la paix venait tous les soirs à l'asile, il y passait la nuit, sa présence étant très nécessaire.

L'asile fonctionnait depuis une dizaine de jours quand le D' LEGROUX, craignant une épidémie de rougeole parmi les enfants, nous demanda d'en envoyer plusieurs à l'hôpital ; nous les fîmes partir par une voiture d'ambulance à l'hôpital Hérold où le D' LESAGE les prit immédiatement.

Un de ces enfants mourut de la rougeole deux jours après ; effrayées nous fîmes effectuer une désinfection complète dont M. le D' Henri THIERRY, chef du service de la désinfection de la ville de Paris, s'est occupé. A partir de ce moment il n'y eut aucune contagion, et l'asile a été fermé le 8 mars.

Nous n'avons pris à l'asile que des gens vraiment inondés et méritant d'être secourus et soignés ; ils ont été suivis par nous jusqu'à la fin et nous leur avons distribué le matériel acheté par l'*Association des Dames Françaises*.

Il a été hospitalisé 151 personnes qui sont restées de trois jours à un mois. Il est venu à l'asile 74 dames, soit en visite, soit pour prêter leur concours, et 35 messieurs en visite seulement.

L'achat du mobilier à donner a coûté 12,749 fr. 25 payés par le Comité central.

Le fonctionnement a coûté 1,779 fr. 10.

La somme de 7,804 fr. 60 a été reçue boulevard Pasteur.

5,804 fr. 60 seulement ont été versés au Comité central.

On a recueilli 20 cotisations.

On a habillé au moins environ 5 à 600 personnes, grâce aux nombreux dons qui ont été faits ; beaucoup de ces personnes ont pris un déjeuner ou quelque réconfortant. La valeur de ces dons en nature ne peut pas être évaluée.

Aucun désaccord ne s'est élevé parmi les dames qui s'occupaient de l'asile ; toutes ont été d'un dévouement vraiment admirable.

Mme BINOT sont persuadées que l'élan qui a été donné apportera à l'*Association des Dames Françaises* de nouvelles et nombreuses sympathies.

P.-S. — Depuis la fermeture du refuge les Dames BINOT ont continué à distribuer des vêtements, des bons de nourriture et de literie à des sinistrés vraiment en détresse ; de plus elles paient le premier terme du loyer à des familles sans ressources ; ces bienfaits sont répandus par elles au nom de l'*Association des Dames Françaises* à l'aide des fonds donnés à ces Dames personnellement.

REFUGE DE L'IMPRIMERIE NATIONALE
et Vestiaire, rue de la Convention, 27.

Reçu du Comité central pour dépenses d'installation et de fonctionnement. . . . . 1.364 fr. 35

C'est le 27 Janvier que les locaux de l'Imprimerie Nationale commencèrent à recevoir les premiers sinistrés du quartier de Javel. Les ouvriers, pris au dépourvu et ne disposant d'aucun moyen, habillèrent du papier de leurs rotatives les enfants qu'on leur amenait presque nus, pauvres petits êtres tirés de leurs lits au milieu de la nuit. Des maculatures disposées en tas servirent de lits.

Le 29, l'Orphelinat de l'Imprimerie Nationale vidant le vestiaire des orphelins, apporta des vêtements qui furent distribués immédiatement pendant que les ouvriers montaient hâtivement des poêles répandant une chaleur douteuse dans ces immenses locaux en même temps qu'une odeur nauséabonde de charbon.

Le 30, les Dames Françaises arrivèrent et dès lors tout changea de face. Mme Louis BARTHOU prit la direction du refuge ; le soir même, les sinistrés avaient à leur disposition des paillasses, des traversins et de chaudes couvertures. Leur nombre augmentait constamment, ils étaient à 150. Mme BARTHOU, avec un dévouement au-dessus de tout éloge, faisait envoyer par l'*Association des Dames Françaises* de pleines automobiles de vêtements destinés à couvrir tous ces malheureux et, aidée de Mme DUPRÉ, femme du Directeur de l'Imprimerie Nationale, faisait des distributions de linge de corps dont on avait tant besoin et de torchons servant à nettoyer les ustensiles de cuisine. Dès cet instant, les réfugiés de l'Imprimerie Nationale avaient le nécessaire assuré et les Dames Françaises tournèrent leurs regards vers les malheureux du quartier de Javel. Un vestiaire fut organisé et la besogne fut partagée. Mme BARTHOU continua à s'occuper des sinistrés et Mme DUPRÉ prit la direction du vestiaire.

L'*Association des Dames Françaises* envoyait journellement de pleines voitures de vêtements qui n'étaient distribués que sur bons de la mairie ou du commissariat de police. Des listes par ordre alphabétique furent dressées ; on y inscrivait les noms des sinistrés qui recevaient des vêtements ; ils ne pouvaient de cette façon se présenter deux fois. Mme DUPRÉ fut aidée dans sa tâche par Mme et Mlle BRACH, Mmes MAX-MAYEUR, PHILIPPON, René BERGE, RENOUARD, SAINSÉRÉ, Mlle GUYARD et Mme FEBVAY de l'*Association des Dames Françaises*, et quelques Dames patronnesses de l'Orphelinat de l'Imprimerie Nationale.

Mais le refuge de l'Imprimerie Nationale était connu. Son organisation était citée. Le Président du Conseil des Ministres vint le visiter ; après lui, M. BARTHOU, Garde des Sceaux et M. Antoine PÉRIER, Sénateur, Rapporteur du budget de l'Imprimerie Nationale. Les dames bienfaisantes du vestiaire de Passy, vinrent assister à une distribution et Mme COULON, en admirant l'organisation, s'y intéressa tant qu'elle fit donner par ce vestiaire pour environ 1,500 francs de linge, vêtements et chaussures. Ce fut un appoint très apprécié et auquel les Dames Françaises furent sensibles ainsi qu'aux dons qui ne manquèrent pas d'affluer de toutes parts et venant des amis.

Pendant que le vestiaire fonctionnait, Mme BARTHOU s'employait à augmenter le bien-être des réfugiés. A cet effet, un lavabo entouré de toiles fut installé, permettant de faire des ablutions par sexe ; du savon fut distribué. Un jour, Mme DUPRÉ demandait à un vieillard de 83 ans si le savon était bon, il lui répondit : Attendez, Madame, je ne m'en servirai que dimanche ! En revanche, le pauvre homme remercia ces Dames des douceurs qu'il recevait et auxquelles il n'était pas habitué. Il recevait presque chaque jour des petits fours et de temps en temps un paquet de tabac. Aussi, il déclara n'avoir jamais été si heureux de sa vie. Une vieille femme seule, veuve et sans enfant, pleurait sans cesse et se plaignait de souffrir de l'estomac. Le Docteur appelé auprès d'elle ne savait trop que diagnostiquer. A force de questions il finit par lui faire avouer qu'elle était malade à la seule idée que son terme n'était pas payé et que son propriétaire la mettrait à la porte, quand elle quitterait le refuge. Devant ce mal nouveau, le Docteur diagnostiqua la maladie du loyer ; mais, il ne trouvait aucun calmant. Ce fut Mme BARTHOU qui le trouva !

Notons en passant le dévouement désintéressé du Dr GRILLON qui faisait au refuge deux visites quotidiennes.

La collaboration étroite de Mme BARTHOU et de Mme DUPRÉ ne pouvait manquer de donner des résultats heureux. A côté du vestiaire on installa un atelier de coupe. Les pièces taillées par les Dames du refuge furent confectionnées par les sinistrées qui, de cette façon, ne restaient pas inactives. Quand elles eurent fait ce qui était nécessaire à leur famille, elles travaillèrent pour le vestiaire et furent rémunérées de leur travail. L'une d'elles, ayant sauvé sa machine à coudre, confectionna un grand nombre de pièces ; quand on voulut la payer, elle répondit qu'elle ne voulait rien accepter, trop heureuse d'avoir pu aider à sa façon ses compagnons d'infortune. Il y eut là une grande économie réalisée et une innovation vraiment heureuse.

En résumé, les réfugiés furent installés et le vestiaire fonctionna pour 2,500 personnes avec 1,000 francs donnés par l'*Association des Dames Françaises* et 4,000 francs par le Syndicat de la Presse Parisienne. Voilà les résultats obtenus avec une somme aussi minime.

Il est juste de terminer ce Rapport succinct en mentionnant les nombreuses marques de reconnaissance que reçurent les Dames qui dirigeaient le refuge de l'Imprimerie Nationale. Les fatigues oubliées, il restera pour elles le souvenir du bienfait accompli et de la gratitude exprimée.

Signé : L. BARE,
Président de l'Orphelinat de l'Imprimerie Nationale.

NOTE ADDITIONNELLE présentée par Mme BARTHOU

A ce Rapport très bien fait, je n'ai qu'à ajouter un mot : mais il est indispensable. M. BARE, dans sa modestie, oublie complètement combien il a lui-même montré de dévouement à cette œuvre de sauvetage. Si, au nom de l'*Association des Dames Françaises*, nous avons pu apporter un secours efficace au Refuge de l'Imprimerie nationale, grâce aux ressources et aux provisions qu'on ne trouve que dans une Société militaire organisée, il faut avouer que là s'est bornée notre utilité. Tout le personnel de la maison a donné sans compter son temps, ses efforts et son cœur avec une bonne grâce et une activité inlassables, et il a fallu apprendre indirectement que tel qui passait ses journées à s'occuper des autres, était lui-même sinistré et manquait, lui et sa famille, des choses les plus indispensables. Toutes les bonnes idées que généreusement on m'attribue naissaient dans le cœur de ces braves gens, et mon rôle se bornait à approuver et à autoriser.

Je suis heureuse de remercier (le mot remercier n'est pas exact, car la récompense des bonnes actions est dans la conscience de ceux qui les accomplissent) d'abord M. BARE, le trop modeste auteur du Rapport ci-joint. Il a l'habitude de la charité puisqu'il est le bras droit de Mme DUPRÉ, la si remarquable femme du Directeur de l'Imprimerie nationale, à laquelle nous devons le vestiaire qui a merveilleusement complété le refuge. Puis MM. DESSEMMES, DESAYDES, PINAUD, PALLIER, VILLEVAL, BARBERET, SAMSON, etc. ; Mmes BIENVENU et MAGDENEL, qui avaient assumé la lourde et fatigante tâche de préparer la nourriture à tout notre monde. Enfin Mme BRUNET qui, spontanément, est venue offrir ses services au vestiaire.

L'*Association des Dames Françaises* était représentée par Mme et Mlle BRACH, et nous avons été puissamment et vaillamment aidées par Mmes MAX-MAYEUR, PHILIPPON, René BERGE, RENOUARD, SAMSON et Mlle GUYARD.

Et, pour finir, quelques détails administratifs. La nourriture, pendant toute la durée du désastre, a été assurée par la Municipalité du XV° arrondissement et, à part quelques petits suppléments insignifiants, n'a pas coûté un sou à l'Association. Nous avons trouvé auprès du maire, M. le Sénateur BASSINET, de son adjoint, M. CONTE, du conseiller municipal, M. POIRY, l'appui le plus précieux et le plus efficace. On ne saurait trop exprimer de reconnaissance au D' GRILLON qui, malgré tous ses habituels malades, venait deux ou trois fois par jour constater l'état sanitaire du refuge. Aussitôt qu'un de nos sinistrés nous paraissait mal portant, nous le faisions immédiatement conduire dans l'un des hôpitaux dont les docteurs avaient aimablement mis quelques lits à notre disposition.

Signé : Alice Louis BARTHOU.

Le Comité central a, en outre, donné à divers Refuges tenus par des Religieuses et qui manquaient des ressources nécessaires, les sommes suivantes :

Refuge rue Gassendi . . . . 500 fr.
Refuge impasse Reille. . . . . 500 »
Orphelinat Saint-Vincent-de-Paul . . . . 300 »

CHAPITRE III

SECOURS DONNÉS PAR LES COMITÉS

1º COMITÉS DE LA BANLIEUE DE PARIS.

Ablon. — Reçu du Comité central . . . . . . 3.000 fr. »»
Souscriptions locales et versements divers . . . 1.616 »»

Total des Recettes. . . . . . 4.616 fr. »»

Dépenses. — Secours immédiats (vivres, vêtements,
linge, etc...) . . . . 1.900 fr. »»
Reconstitution de mobilier . . . . 1.200 »»
Sommes engagées . . . . 1.516 »»

Total égal . . . . 4.616 fr. »»

Arcueil-Cachan. — *Recettes.* — Quête dans le
Comité . . . . 816 fr. 65
Prélevé sur les fonds du Comité 183 35

Total. . . . . 1.000 fr. »»

La Municipalité a offert une salle à la Mairie pour la distribution des
secours ; les Dames ont préféré les porter à domicile.

Dons en nature offerts au Comité, 266 effets d'habillement distribués aux sinistrés.

Dépenses. — Bons d'alimentation . . . . 129 fr. 95
Vêtements achetés et distribués 103 10
Chaussures achetées et distribuées 48 20
Un mobilier acheté à Dufayel 148 55
Donné au bureau de bienfaisance pour les ouvriers atteints
par le chômage . . . . 50 »»

Total. . . . . 479 fr. 80

En résumé, dépensé à Arcueil pour les sinistrés. .   479 fr. 80
Envoyé 172 francs à chacun des trois Comités
d'*Ivry*, de *Choisy* et de *Charenton*. . . . .   516 »»
Frais divers   4   20

Total. . . . .   1.000 »»

Arpajon. — Le Comité a donné des secours aux inondés de la façon suivante :

1° Un don de 500 francs a été porté le 1ᵉʳ février, à la Présidente du Comité de Juvisy.

2° Un ouvroir permanent durant une dizaine de jours a permis de confectionner 673 pièces de vêtements, lingerie (hommes, femmes et enfants), pour lesquelles le Comité a déboursé . . 1.401 fr. 40
Soit au total . . . . 1.901 fr. 40

Asnières. — *Rapport présenté par M.* DAT, *trésorier du Comité.* — Reçu du Comité central . . . . 15.000 fr. »»

(Compris un crédit de 1,500 francs, accordé postérieurement au présent rapport, pour solder les dépenses engagées.)

Asnières a été l'une des villes de la banlieue de Paris les plus éprouvées par les inondations de janvier dernier. Ses 3,500 mètres de quais, ses 3 kilomètres du fossé de l'Aumône, limitant son territoire du côté de Gennevilliers, offraient aux eaux de la Seine une invasion facile.

On peut affirmer que plus de la moitié de la ville a été inondée.

Le nombre des sinistrés a donc été considérable et nous avons été amenés, en conséquence, à apporter le plus grand soin dans les enquêtes pour répartir les fonds de secours dans les meilleures conditions, de manière à répondre aussi bien que possible aux indications qui nous ont été données à ce sujet au Secrétariat général de l'Association.

Il a donc été tenu compte du nombre de membres composant la famille et de l'état de santé des parents et des enfants.

Nous nous sommes particulièrement attachés à réparer les dégâts causés par l'inondation dans les petits ménages ayant à leur charge une famille nombreuse. Nous n'avons cependant pas négligé les propriétaires de très petits immeubles acquis en totalité ou en partie au prix de tant de peines et de privations ; nous les avons aidés dans la reconstitution de leurs mobiliers et nous leur avons procuré quelques matériaux pour les réparations les plus indispensables (chaux, ciment, plâtre, etc.)

C'est ainsi que nous avons pu secourir 190 familles se composant de 791 personnes. Le montant des dépenses se répartit de la manière suivante :

Charbon	538 fr.	20
Meubles, literie et outils de travail.	7.250	85
Vêtements, linge, chaussures	3.737	55
Dons en argent.	864	25
Divers	751	20
Total.	13.142 fr.	05

On ne sera pas surpris du chiffre relativement élevé pour les fournitures de charbon. Le combustible nous a été très demandé pour sécher les locaux ayant été inondés. Tous les meubles fournis ont été de très bonne qualité. Ils sont d'ailleurs garantis par les commerçants qui les ont vendus. Ce sont, évidemment, les meubles qui ont entraîné les plus fortes dépenses. Le chiffre de 7.250 fr. 85 qui s'y rapporte comprend une certaine somme concernant les achats d'outils de travail (établis, machine à carder, machines à coudre, etc.)

Les vêtements, la lingerie et les chaussures devaient également faire l'objet d'une importante dépense, en raison des pertes très sérieuses subies de ce chef par les sinistrés. Les dons en argent figurent pour une somme de 864 fr. 25, mais en réalité il n'a été donné que 578 fr. 70 en espèces. La différence se rapporte à des sommes payées soit au boulanger, soit au propriétaire, soit au Mont de piété. Enfin sous la rubrique « Divers » nous avons compris les achats de bois et de matériaux divers pour la réparation des petites maisons endommagées par les inondations.

Tous les vêtements et objets distribués ont été achetés à Asnières dans de bonnes conditions et cette mesure, que l'on connaît bien dans notre ville, est de nature à attirer beaucoup de sympathie à notre Comité.

Nous avons d'ailleurs à enregistrer à ce sujet plusieurs adhésions au Comité de dames commerçantes de la ville.

Il convient d'ajouter que notre entente avec la municipalité a été parfaite. Nous possédons, du reste, dans nos dossiers la lettre ci-dessous copiée, de M. Fontaine, Maire d'Asnières.

Madame la Présidente,

J'ai le plaisir de vous informer que, dans sa séance du 9 mars courant, le Conseil municipal, sur ma proposition, a voté à l'unanimité ses plus vifs et ses plus sincères remerciements à votre Société, pour l'aide si précieuse qu'elle a apportée et qu'elle apporte encore à la Municipalité en délivrant des secours aux habitants d'Asnières victimes des inondations de janvier et de février dernier.

Les secours que vous avez distribués ont consolé, en même temps que soulagé les malheureux sinistrés et, comme Maire d'Asnières, je ne saurais trop vous remercier de ce que vous avez fait pour nos concitoyens.

Je vous prie d'agréer, Madame la Présidente, l'expression de ma respectueuse considération.

Le Maire d'Asnières,

Signé : G. FONTAINE.

21 mars 1910.

M. le Maire FONTAINE, pour assurer l'ordre et la régularité dans la distribution des secours, qui affluaient de divers côtés, a, au moyen d'une combinaison pratique, divisé la ville d'Asnières en plusieurs zones, et chacune de ces zones a été attribuée à une Société de secours en vue d'éviter ainsi les doubles emplois. Nous avons fait remarquer à M. le Maire que notre Comité qui fonctionne depuis vingt ans devait se préoccuper de toute l'étendue du territoire de la ville et que nous n'avions pas le droit de limiter à un ou plusieurs quartiers la distribution des secours qui nous étaient confiés ; mais nous avons cru devoir accepter la combinaison proposée dans un but d'ordre, étant entendu que nous nous réservions de remettre également des secours aux sinistrés n'appartenant pas à la zone qui nous était attribuée lorsque ces sinistrés n'auraient pas reçu d'autre part de secours ou en auraient reçu insuffisamment. C'est dans ces conditions que le Comité a fonctionné et nos secours ont été ainsi distribués dans toutes les parties de la ville qui ont été inondées et nous croyons pouvoir le dire à la satisfaction de tous.

En résumé, notre Comité sort grandi de cette période malheureuse et il appartient aux administrateurs actuels et futurs de profiter de cette circonstance pour lui donner tout le développement qu'il est susceptible d'atteindre.

A l'appui du présent Rapport, il est produit :

1° Une liste des sinistrés, avec le nombre de personnes composant la famille, la dépense faite pour celle-ci, avec le total des dépenses et l'adresse.

2° Un état des factures enregistrées au fur et à mesure des paiements, avec le total des dépenses.

3° Une fiche pour chacun des bénéficiaires portant le reçu de ce dernier, ainsi que divers renseignements.

Le Comité possède du reste, pour chaque sinistré secouru, un dossier complet comprenant la correspondance échangée à son sujet, les factures de vêtements ou objets fournis. Ces dossiers sont évidemment à la disposition du Comité central.

Nous devons rendre compte également des recettes et des dépenses faites pour les refuges et les cantines que nous avons dû établir au début des inondations pour coucher et alimenter les malheureux sinistrés obligés de quitter leur logis.

Ainsi qu'on le verra les recettes se sont élevées à .   2.205 fr. 60
et les dépenses à 2.189   45
La différence, soit . . . .   16 fr. 15
a été reportée au compte de la reconstitution des mobiliers.

Organisé hâtivement, on le comprend, dans des locaux qui répondaient peu à l'usage auquel on les destinait, il a cependant été fait des prodiges pour secourir les sinistrés qui fuyaient leurs locaux. Deux Refuges furent ouverts, l'un en face de l'Eglise et l'autre rue des Ecoles, à côté de l'Hôtel des Postes où, *pendant plus de 20 jours, 250 personnes* purent être hospitalisées.

Une cantine dirigée par Mme d'Andert servit certains jours jusqu'à 800 repas.

Ce résultat a été obtenu grâce au dévouement de quelques dames qui sont venues spontanément nous offrir leur temps et leur argent.

Nous citerons au nombre des donateurs et donatrices :

Mmes Paul LACOMBE, RICADAT, DUBOIS, CHAMINADE, la Ctesse FOUCHER DE CAREIL, HABERT, CANOZ, BICHOP, AGOSTINI, COCHARD, NOUVELET, M. le Bon DESPART, Mlle BUNEL.

Nous ajouterons à ce sujet que nous avons pu envoyer à Maule une femme et 4 enfants sinistrés qui y ont séjourné une vingtaine de jours, hospitalisés par les soins et aux frais du Comité de Maule de l'*Association des Dames Françaises*.

Nous terminerons en appelant l'attention du Comité central sur les personnes qui nous ont rendu des services à l'occasion des inondations. Nous devons placer au premier rang Mme NICOLAS, Présidente qui, malgré les difficultés de sa charge, s'est toujours mise personnellement en avant pour l'organisation des refuges et cantines, aussi bien que pour les enquêtes et la distribution des secours.

Il en est de même de Mlle Jeanne CROCHARD, Vice-Présidente, dont le dévouement a été absolument remarquable.

Nous signalerons aussi Mme DAT, qui, bien que Directrice d'une école importante de la localité, a accepté la fonction de Secrétaire générale dans un moment difficile, et qui va avoir la tâche, de concert avec Mme NICOLAS et Mlle J. CROCHARD, et avec le concours de Dames dévouées, de réorganiser le Comité de manière à éviter toute surprise pour le cas de calamités nouvelles.

Il faut, en effet, qu'on sache bien que le Comité d'Asnières peut immédiatement, le cas échéant, rendre des services efficaces à la population Asniéroise, dans un local désigné d'avance et avec un matériel approprié.

Nous devons aussi des remerciements à M. le Dr LAZARD et à M. le Dr LECERF, qui nous ont prêté leur concours gracieusement pendant tout le temps du fonctionnement des refuges et cantines établis rue de l'Eglise et place de l'Hôtel de Ville.

Nous désignerons ensuite :

Mmes CURRAL, Secrétaire-adjointe ; D'ANDERT, BODIN et dos SANTOS, ambulancières, qui ont eu à faire de nombreux pansements, en raison de blessures de la plupart des sinistrés.

Mlle MORESCO, directrice du matériel ; Mmes CANOZ, CAVÉ, JOURDAIN, FABRE, PINARDON, HÉNOCQ DE LAUWÈRE, KRUGER, Mlles Lise MARTIN, Marguerite CARL, BUNEL et CARLUY.

N'oublions pas M. l'Abbé JOLLY, Vicaire de la Paroisse, M. CURRAL et M. et Mme CARL, nos aimables propriétaires, pour tous les services qu'ils nous rendent presque quotidiennement. Nous devons aussi à M. Labuxière des renseignements précieux qui nous ont permis de faire un peu de bien à des familles intéressantes du quartier de la Plaine.

Il ne serait pas bien de ne pas parler de notre service de police dirigé avec tant de dévouement par M. Massot, Commissaire de police, et son très sympathique Secrétaire M. Bonnet. Les agents et, ne l'oublions pas, nos braves soldats, ont fait tout leur devoir, on peut même dire plus que leur devoir, car un grand nombre d'entre eux ont compromis gravement leur vie. La somme de 150 francs, que nous avons cru devoir remettre pour eux à M. le Commissaire de police, est bien faible, puisque chaque agent ne recevra guère que 3 francs, mais il ne nous était pas possible de faire plus et cette somme a eu notamment pour but de montrer toute notre satisfaction aux agents de la force publique pour leur belle conduite pendant la période des inondations.

Après les agents, il convient de faire l'éloge des Sauveteurs de la Basse-Seine, qui ont rendu à tous les sinistrés les plus grands services pendant les dernières inondations. Nous leur avons remis une somme de 100 francs destinée à leur faciliter les moyens de réparer ou de remplacer leur matériel avarié.

Enfin, nos remerciements doivent aller particulièrement à M. Collin, dont le grand cœur et la belle intelligence sont connus de tous ici. L'Œuvre de l'*Association des Dames Françaises* devait évidemment l'intéresser et il nous a toujours aidés dans la mesure la plus large, chaque fois que l'occasion s'est présentée. Aussi, notre Comité s'est-il associé à la grande manifestation de sympathie dont M. Collin vient d'être l'objet de la part de toute la population Asniéroise à l'occasion de la récompense honorifique qui lui a été accordée récemment.

Nous terminerons en remerciant également M. Fontaine, Maire d'Asnières, de toute sa bienveillance pour notre œuvre et en exprimant le désir de le voir encore longtemps à la tête de notre Municipalité pour le plus grand bien d'ailleurs de ses administrés.

Aubervilliers. — *Rapport présenté par* Mme Deloye, *présidente.* — D'après l'état fourni par ce Comité, 209 personnes (hommes, femmes et enfants) ont été pourvues de vêtements, linge, etc., par les soins des Dames Françaises du Comité, et qu'une somme de 1.157 francs leur a été distribuée en sept versements.

Une partie de ces vêtements provenait du Comité central.

De plus, 31 enfants (garçons et fillettes) ont été habillés par les soins du Comité.

Enfin, un certain nombre de femmes et d'enfants (30 environ) dont les noms ne sont pas spécifiés, ont également reçu du linge et des vêtements, provenant en partie du Comité central, de divers dons et des achats faits par le Comité s'élevant à 403 fr. 55.

Au début des inondations, le Comité d'Aubervilliers a versé au Comité central une somme de 500 francs.

Les vêtements, surtout les chaussures, étaient reçus avec un plaisir tout particulier. Les malheureux sinistrés se montraient plus reconnaissants pour ces distributions en nature que pour celles que nous faisions en espèces, deux fois par semaine ; nous remettions à chaque famille, et par jour, un franc pour le père, et autant pour la mère, plus cinquante centimes pour chaque enfant.

Nous avons la certitude que nos dons étaient faits à de vrais sinistrés. M. le maire Ed. POISSON, qui réserve toujours le meilleur accueil à notre Comité, ainsi du reste que la municipalité, nous avait donné les noms des sinistrés dignes d'intérêt ; dans ces conditions, notre tâche était bien simplifiée et garantie contre tout abus.

Bois-Colombes. — *Rapport de* M. le Dr POUVREAU, *Secrétaire général du Comité.* — Reçu du Comité central . . . . . 10.000 fr. »»
Souscription locale . . . . 9.075 . »»
Reçu du Journal « Le Bâtiment » . . . . 2.104 . »»»

TOTAL. . . . . 21.179 fr. »»

Dès le 26 janvier, alors même que le territoire de notre commune semblait ne devoir jamais souffrir de la crue des eaux, Mme BERNARD, la Présidente de notre Comité, réunissait d'urgence la Commission administrative afin de lui exposer les dangers courus par les localités voisines. Sa parole fut un véritable appel aux armes bientôt écouté, et, par la suite, ses actes inlassablement héroïques furent autant d'exemples suivis par des compagnes très dignes d'elle.

Mais afin que ce grand élan de charité ne fût pas perdu en vaines démarches, il fallait d'abord se donner les moyens de soulager toutes les misères en organisant des secours.

Une souscription fut ouverte avec l'assentiment de la Municipalité et la population en fut immédiatement avisée par voie d'affiches. Elle y répondit de tout cœur avec une générosité qui n'avait d'égal que le malheur présent, puisque tant à ce moment là qu'aux jours plus angoissants encore où notre commune fut elle-même atteinte, nous reçûmes de nos compatriotes la somme de 9.075 francs et d'innombrables dons en nature.

Enfin, durant toute la durée du sinistre, nous fûmes puissamment aidés par nos adhérentes et les commerçants de notre localité pour subvenir aux besoins des malheureux recueillis. Les uns nous offrirent du vin, d'autres du charbon, de la viande, du pain et tous nous firent des conditions d'achat si avantageuses que nous pûmes nourrir avec 400 francs, *pendant quatre semaines*, *200 personnes* groupées dans nos asiles et *pendant six semaines* les malades et hospitalisés d'un autre refuge. Mais ces dons, si généreusement offerts, ne nous venaient pas d'eux-mêmes. Il fallait aller les quérir et en faire un emploi sagace.

Je citerai à ce propos les noms de Mmes CLAUZET, PRÉAUX, HEIME, Mlle FERRAND, Mmes MORIN, BUISSOT, HIVELIN, PLACE, MOUCLIER, LANDRY, LOGAN, qui se sont signalées dans la recherche des secours, et de Mmes MORIN, PRÉAUX, GAUDIOLE, Mlles Léonie, Henriette et Jeanne FERRAND, de Saint-Denis, LOGAN, CHARNEY, préposées à la distribution des vêtements, qui les ont distribués avec une attention et une délicatesse vraiment maternelles.

Quant à Mmes BERNARD, BUISSOT, CLAUZET, POUVREAU, MOYSES, HIVELIN, MORIN, JOLY, ROBIN, Mlles FERRAND et RIPEAUX, au moment des enquêtes, elles ont su découvrir chez chaque famille atteinte, la misère la plus pressante à secourir.

Le couronnement heureux de cette œuvre bienfaisante fut le moment où l'on rétablit en son lieu et place chaque foyer naguère détruit, et où l'on rendit à chaque demeure reconstruite les objets et les meubles familiers que les eaux avaient détériorés.

Nos Dames Françaises, avant d'arriver à ce but si consolant, eurent à traverser des jours d'angoisse et de travail, qu'il est juste de rappeler les uns après les autres, car ils sont historiques, non seulement pour nous, mais aussi pour la commune et le pays tout entier.

Afin de bien faire connaître toutes les ressources dont nous disposions pour l'œuvre que nous avons accomplie, j'ai hâte d'ajouter qu'aux dons en nature dont je viens de parler et aux 9.075 francs que nous versèrent nos concitoyens, vinrent se joindre 10.000 francs reçus du Comité central et 2.104 francs que, grâce à l'initiative de M. Stanislas FERRAND, le journal *Le Bâtiment* voulut bien souscrire en notre faveur. Nous avons donc pu disposer pendant la période des secours d'une somme de 21.179 francs. Fortes d'un aussi bel encouragement, *du 26 janvier au mois de mars*, nos Dames Françaises ne cessèrent de se prodiguer, tant pour les communes voisines que plus tard pour la nôtre.

Mlle FERRAND, dont le nom est écrit à toutes les pages de nos annales, entraînée par Mme BERNARD, l'admirable organisatrice de tous les travaux, donna, avec l'aide de ses deux sœurs, un grand exemple de désintéressement. C'était peu pour elle de se prodiguer, elle voulût que sa maison fût une maison de bienfaisance et d'accueil. Dès le 27 janvier, avec l'autorisation de son père, elle mit sa demeure à la disposition de notre Comité. Aussitôt une permanence y fut établie, en même temps que deux Refuges étaient confortablement installés ; l'un de 12 lits au siège social du Comité, l'autre de 16 lits dans la propriété de M. FERRAND, rue Victor-Hugo.

Des lits furent réquisitionnés et aussitôt envoyés par les personnes qui avaient souscrit des prêts conditionnels en temps de guerre.

Mmes BERNARD, CLAUZET et MORIN et Mlle FERRAND allèrent donner aux mairies d'Asnières, de Colombes, de Courbevoie et de Gennevilliers l'adresse de nos Refuges.

Dans la matinée de ce même jour, M. le Maire d'Asnières nous envoyait les premiers sinistrés et, dès la première heure, nos Refuges se remplissaient et fonctionnaient avec un ordre parfait.

Le lendemain 28 janvier les dons en nature commencent à nous parvenir et les sinistrés qui arrivent transis de froid peuvent être nourris, chauffés et habillés.

Le 29 janvier, l'inondation gagne Bois-Colombes et M. l'Abbé

COLLIGNON, curé de la paroisse, qui connaît l'exiguïté de nos locaux, accourt nous offrir la salle des catéchismes. Mme BERNARD en confie l'organisation et la surveillance à Mme JOLY, qui ne quitte pas un instant le poste qu'elle a vaillamment accepté et qu'elle a dirigé avec tant de zèle et de dévouement. Elle fut aidée dans sa tâche par Mmes DUMOUSTIER et HAISTRE. 30 nouveaux lits sont bientôt dressés avec le concours des jeunes gens de la Jeunesse Catholique, qui méritent toute notre gratitude pour l'activité déployée dans ces circonstances malheureuses.

Ce nouvel asile ne tarde pas à être envahi. L'emplacement nous fait de nouveau défaut et il nous faut recourir à la salle municipale de la rue des Halles, gracieusement offerte par M. le Maire de notre Commune. L'heure s'avance et, pour une nuit, quelques malheureux, la plupart des hommes, il est vrai, couchent sur la paille à notre grand regret.

Dès le lendemain 30 janvier, M. l'Abbé COLLIGNON, toujours prêt à nous aider dans notre œuvre charitable, fait du haut de la chaire, au nom des Dames Françaises, un appel aussitôt écouté et dans la journée même, notre nouveau Refuge est transformé en un vaste dortoir si bien compris qu'il nous vaut les félicitations de M. le Dr MOLINIÉ, Conseiller général, de M. le Maire et d'un grand nombre de Conseillers municipaux venus pour visiter nos asiles.

200 lits environ sont donc ainsi dressés, pourvus de draps et de couvertures pour nos sinistrés. En outre 20 enfants sont, par nos soins, placés dans des familles qui les traitent comme les leurs, les veillent attentivement. Entre temps, à la permanence, les secours en nature ne cessent d'affluer et un ouvroir s'y installe sous la direction de Mme LUCET, d'une habileté remarquable et d'une telle activité qu'elle peut fournir de l'ouvrage aux nombreuses compagnes accourues pour la seconder. Nos Dames Françaises de Bois-Colombes peuvent ainsi vêtir leurs pensionnaires et les victimes résidant sur le territoire de leur commune et aussi celles des communes voisines, lorsqu'elles se présentent munies d'une recommandation de la Mairie.

Nos laborieuses adhérentes font tant et si bien que le 4 février, Mgr AMETTE, Archevêque de Paris, averti de leurs travaux, accompagné de M. l'Abbé COLLIGNON et de M. COLLANIE, notre premier adjoint, représentant notre municipalité, vient lui-même les visiter. Il leur déclare qu'il n'a vu nulle part une installation aussi bien comprise et aussi confortable.

Le 5 février Mme l'A^{le} JAURÈS et M. D'HARDIVILLER nous apportent les encouragements du Comité central et nous adressent les plus chaleureux éloges.

Le 7 février, fortes de tant d'approbations autorisées, Mlle FERRAND et ses zélées collaboratrices veulent faire mieux encore. Elles décident de grouper rue Victor-Hugo les malades disséminés dans divers refuges. Je peux chaque jour admirer alors les remarquables aptitudes de Mlle FERRAND. Atteinte elle-même par la maladie, elle oublie ses souffrances et je la vois au chevet de tous prodiguant les soins les plus pénibles, notamment à un enfant atteint de bronchopneumonie. Il ne doit sa guérison qu'à la ponctualité avec laquelle notre infirmière-majore a appliqué les remèdes et les moyens thérapeutiques prescrits.

Après tant de fructueux labeurs, les mauvais jours vont prendre fin et, le 16 février, presque tous les sinistrés ont réintégré leurs demeures. Les Refuges sont fermés, sauf notre infirmerie de la rue Victor-Hugo, qui ne cessera de fonctionner qu'après la guérison complète du dernier malade et une salle consacrée à des enfants dont les parents n'ont pas un logis suffisamment salubre pour les recevoir. Ils seront à notre garde jusqu'au 10 mars.

Reconstitution des mobiliers. — Il reste alors un devoir plus impérieux encore à remplir : la reconstitution des mobiliers détruits ou détériorés. Des enquêtes sont faites avec une scrupuleuse attention. Nos vaillantes organisatrices des secours parcourent les quartiers les plus dévastés. Elles dressent avec méthode des fiches portant le nom et l'adresse de la famille visitée, le nombre des personnes qui la composent, le nom des Dames enquêteuses, la demande faite par le sinistré, la note personnelle des visiteuses, et les renseignements fournis par la Mairie. Dans le même temps, d'autres compagnes suivent les membres de la Commission d'Hygiène dans leurs investigations et rendent immédiatement aux victimes de l'inondation les objets qui leur sont enlevés.

C'est ainsi que sont distribués 106 lits complets, 30 sommiers et matelas, 140 couvertures, 500 draps, 60 taies d'oreillers, 16 buffets, 28 buffets de cuisine, 14 tables de salle à manger, 10 tables de cuisine, 30 armoires, 190 chaises, 8 tables de nuit, 30 poêles, 3 commodes, sans compter 2.500 pièces de vêtements, 300 paires de chaussures, des outils, des quantités considérables de charbon. Des sommes importantes sont aussi consacrées à l'étayement de maisons, à des réparations de mobiliers, d'instruments de travail, à des secours de loyer, à l'achat de denrées alimentaires. En outre, 1.000 francs sont donnés à la Municipalité pour être distribués comme secours de chômage aux ouvriers sans travail.

122 familles, comprenant en moyenne 5 ou 6 enfants et des ascendants, ont été généreusement secourues.

On le voit, nos Dames Françaises de Bois-Colombes, du commencement à la fin de cette déplorable catastrophe, n'ont cessé de se conduire en héroïnes. Leur conduite a provoqué autour d'elles une telle admiration qu'elles ont vu de nombreuses amies se ranger sous leur étendard. Chaque jour leur apporte de nouvelles recrues. Le nombre de nos adhérentes s'en trouve considérablement augmenté. On a vu nos Dames partout où il y avait misère à soulager. Elles sont allées au devant du fléau dans les communes voisines et, plus tard, sont entrées les premières, après le départ des eaux, dans les maisons ravagées afin d'y rétablir la chaleur de la vie et l'illusion du bonheur avec l'oubli des maux passés et la réparation des récents dommages.

Faut-il aussi compter pour rien dans le cœur de ces malheureux rescapés le souvenir consolant des soins qu'elles leur ont donnés ? Ce souvenir sera gardé précieusement comme un des plus beaux exemples de solidarité qu'il nous ait été donné de contempler. Et je ne parle pas ici seulement avec bienveillance. Tous ceux qui sont venus diront comme moi, que les Dames Françaises de Bois-Colombes ont été les premières et les dernières debout dans ce vaillant combat contre le fléau, et qu'elles ont forcé les plus lointaines admirations. Celle de *l'Association des Dames Françaises* leur peut être tout acquise.

Boissy-Saint-Léger. — Dès les premiers jours des inondations, une somme de 200 francs a été remise entre les mains de M. TARRIDE, maire de Boissy-Saint-Léger, qui a bien voulu la porter lui-même à Villeneuve pour aider aux premières distributions de secours.

Peu de temps après, une nouvelle somme de 50 francs, offerte par M. et Mme Paul SCOURGEON, adhérents de Santeny, a été également envoyée à Villeneuve.

A fin janvier, Mme la Vice-Présidente, jugeant qu'il serait bon de joindre à cet envoi d'argent un don de linge, a demandé aux dames adhérentes de Boissy de se joindre à elle pour la préparation de ce nouveau secours. Ces dames ont répondu avec empressement à l'appel qui leur était adressé et aussitôt, par les soins de M. le Maire, notre Comité a envoyé aux communes sinistrées de Villeneuve-Saint-Georges et de Vigneux, respectivement 252 pièces de linge (valeur 331 fr. 40) et 128 pièces (valeur 156 francs.) Au total 380 pièces.

Mme la Vice-Présidente a en outre reçu 40 francs, produit d'une cotisation faite par le patronage de Santeny. Cette somme a été également remise aux sinistrés.

Boulogne-s^r-Seine. — Reçu du Comité central. 12.000 fr. »»
Souscription locale 1.783 85

Secours. — 1.200 bons de vivres à 1 franc. 244 familles soulagées en vêtements, lingerie, objets de literie.

Extrait du Rapport de Mme la Présidente.

Dès les premiers jours des inondations, les Dames Françaises de Boulogne, devant les ravages grandissants du fléau, allèrent offrir à M. le Maire des bons de vivres à 1 franc pour parer aux premières nécessités. Les besoins étaient si grands qu'elles furent obligées d'en élever le chiffre à 800. D'autre part, quelques Dames du bureau après enquête sérieuse, en distribuèrent 400 autres dans des familles qui se trouvaient dans la misère la plus noire. Ces bons, dépensés par les sinistrés chez les commerçants de la localité, furent remboursés au siège social toutes les semaines.

Les inondés, surpris par la rapidité des eaux, furent obligés d'abandonner leur demeure. Le Comité de Boulogne put alors leur offrir, grâce aux libéralités du Comité central, 40 paillasses et 40 couvertures, et la Municipalité leur offrit alors un abri à la Justice de Paix.

Puis le Conseil d'administration prit l'initiative d'ouvrir une sous-cription qui donna les meilleurs résultats. Elle s'éleva au chiffre de 1.783 fr. 85 qui, joints aux 12.000 francs envoyés par le Comité central, permit d'organiser des secours sérieux.

En effet 250 familles de Boulogne-Billancourt purent être soulagées et la répartition fut proportionnée au nombre des enfants en bas âge et à la perte des mobiliers.

Hâtons-nous de dire d'ailleurs que les Dames Françaises de Boulogne, pour éviter double emploi, marchèrent toujours d'accord avec la municipalité, qui confia à des délégués bien qualifiés le soin des enquêtes.

Le Comité convint alors de faire différents genres de bons : bons de vêtements, de mobilier, de literie ou d'instruments de travail.

Ces bons, remis à M. le Maire, furent distribués aux sinistrés, qui vinrent à la salle de l'Ouvroir où tous ces objets leur furent remis par les Dames du Comité tous les jours pendant plus d'un mois, puis toutes les semaines à partir de la mi-mars.

Voici une énumération brève de tous ces articles : 23 tables, 100 chaises, 40 lits, 42 armoires, 22 buffets, 168 chemises dont 68 nous furent offertes, 4 mobiliers complets, 90 matelas, 90 couvertures, dont 40 offertes par le Comité central, 100 paires de draps, 95 paires de chaussures, plusieurs complets d'hommes, 480 francs environ d'effets, de la layette, et pour 400 francs d'articles de ménage ou d'instruments de travail.

Tous ces achats furent faits presque en totalité chez les commerçants de la localité.

Le Maire de Boulogne-sur-Seine à Mme la Présidente du Comité de Boulogne.

MADAME LA PRÉSIDENTE,

Dans sa dernière séance, tenue le 6 mars courant, le Conseil municipal de Boulogne m'a chargé, au nom de la Ville, d'exprimer à votre Association toute sa reconnaissance pour le bienfaisant concours qu'elle nous a prêté durant les tristes circonstances que nous venons de traverser.

En secourant les habitants victimes de l'inondation, par les dons de vivres, de literie, de linge et de mobilier, votre Association a contribué largement à la reconstitution de leur foyer, atténuant ainsi les conséquences du désastre qui les a frappés; nombreux seront ceux qui garderont le souvenir de ses bienfaits.

Au témoignage de gratitude de l'Assemblée communale permettez-moi, Madame la Présidente, d'ajouter mes remerciements personnels pour la précieuse collaboration que vous m'avez apportée.

Veuillez agréer, Madame la Présidente, mes sentiments reconnaissants et distingués.

Le Maire de Boulogne-sur-Seine,
Chevalier de la Légion d'Honneur,
Signé : P. LAGNEAU.

Charenton. — *Rapport de* Mme BARRY-ROHRER, *Présidente.* — *Recettes* : 24.027 fr. (dont versé par le Comité central 15.500 fr.).

Les quêtes et dons des premiers jours ont rapporté environ 5.000 francs, qui ont passé presque entièrement à l'achat de vêtements de toutes sortes et de chaussures.

A l'heure actuelle (15 mai) les *Dépenses* s'élèvent à 23.660 francs, il reste dans la caisse spéciale des sinistrés 367 francs pour solder les dépenses engagées.

Le total des dépenses 24.027 francs est donc égal à celui des recettes.

Parmi les recettes, il convient de faire ressortir, outre le produit des quêtes énoncé ci-dessus, les dons généreux de nombreux adhérents ou amis de l'Association (dont plusieurs ont versé 200 francs) et les versements du Comité central, 15.500 ; des Comités de Guéret, 500 ; Arcueil-Cachan, 172 ; Nogent, 200 ; Vincennes, 500 ; Etampes, 500.

Outre ces dons en argent, le Comité central nous a fait de très considérables envois de matériel, de lingerie, de chaussures, fréquemment renouvelés, et que nous estimons largement à la somme de 10.000 francs, sans compter le don de 20 lits complets, avec draps, couvertures et couvre-pieds.

Les Comités de Guéret et de Vincennes, ainsi qu'un groupe de Dames de Savigny-sur-Braye (Loir-et-Cher) nous adressèrent aussi de très nombreux ballots de vêtements de toutes sortes, et notre sincère gratitude était chaque fois plus vive et plus profonde.

Sur les dépenses, qui s'élèvent à 23.660 francs, comme il est dit ci-dessus, je dois faire ressortir les plus grosses qui sont :

Versement à la Mairie de Charenton, 1.000 ; versement à la Mairie de St-Maurice, 500 ; versement à la Mairie de Maisons-Alfort, 500 ; versement à M. le Curé pour son refuge, 300 ; au fournisseur de mobiliers, 13.405 ; pour les vêtements, 5.440 ; pour les chaussures, 1.290 ; linge, draps, serviettes, torchons, mouchoirs, etc., 400 ; batterie de cuisine, charbon, 178.

La liste n'est pas close encore complètement ; mais nous sommes heureux de vous dire que, après avoir distribué 6.000 repas, donné

100 layettes, 2.500 objets d'habillement de bébé, 1.500 paires de chaussures ; 1.000 chemises, 1.200 vêtements d'hommes, 1.500 vêtements de femmes, 1.000 vêtements d'enfants ; après avoir hospitalisé des sinistrés dans un local où ils étaient au nombre de 120, nous avons aidé et secouru à ce jour 165 familles, à qui nous avons distribué 132 lits complets, 36 tables, 98 buffets ou armoires, 90 chaises, etc. ; réparé des mobiliers, avancé même 500 francs à une malheureuse famille tout particulièrement éprouvée, seul cas où nous ayons laissé de l'argent à la disposition des malheureux, et avec un contrôle très sévère.

J'ose dire que, grâce au zèle intelligent et au dévouement sans bornes de M. LECLERC et de Mᵐᵉˢ GAUDRIN, LYONNET, DE PYDE-MARC, YVES, BENOIST, DAMRÈS, qui ont vu de près les misères et la désolation causées par le fléau, nous estimons avoir secouru les plus malheureux, les plus isolés, les plus chargés de famille, et avoir échappé, autant que possible, aux gens peu scrupuleux qui sollicitaient secours et argent pour se livrer ensuite à des échanges et à des débauches bien décevantes pour ceux qui s'étaient occupés d'eux avec tout leur cœur.

Qu'il me soit permis d'ajouter que notre gratitude doit s'adresser à tous les membres de nos commissions, à nos ambulancières, et à un grand nombre de nos adhérents, qui sont venus à nous spontanément, dès le 25 janvier, et dont le dévouement ne s'est pas ralenti pendant les semaines d'angoisses que nous avons traversées ; donner des noms ferait une liste très longue et forcément incomplète ; néanmoins nul ne m'en voudra de penser particulièrement en ce moment à Mᵐᵉ DE LA ROCHE, à Mᵐᵉ YVES, à M. COURPAUD, à M. BONNET, qui ont incarné le dévouement le plus éclairé et le plus absolu,

Les municipalités de Charenton, Alfortville, Saint-Maurice et Maisons-Alfort nous ont secondées avec bonne grâce.

Choisy-le-Roi. — Reçu du Comité Central .	13.000 fr.	»»
Reçu du Comité de Sceaux	200	»»
» » d'Arcueil	172	»»
Divers	235	50
TOTAL	13.607 fr.	50

Dès le début des inondations qui ravagèrent une grande partie du territoire de Choisy-le-Roi, tout le quartier des Gondoles, habité par plus de six mille personnes, le Comité de Choisy-le-Roi et Thiais s'organisa de suite pour venir au secours des sinistrés par tous les moyens dont il disposait.

Dans son local, et avec l'autorisation de la Municipalité, il fit aménager deux vastes dortoirs pour les malheureux qui se trouvaient subitement sans abri.

Le 26 janvier un fourneau fut installé, et jusqu'au 19 février, les Dames du Conseil d'administration firent elles-mêmes la cuisine, servirent les sinistrés auxquels elles donnèrent matin et soir un repas (220 repas par jour) et du lait aux enfants en bas âge. Le pain ainsi que le chauffage ont été en grande partie fournis par la municipalité. Le Comité d'Etampes envoya une assez grande quantité de légumes secs, et les dépenses pour le fourneau s'élèvent à 1.116 fr. 25.

Chaque jour des vêtements et des chaussures furent distribués au siège du Comité qui ne dépensa que 278 francs pour raccomodage et achat de toile pour chemises ; les grands magasins de Paris, le Comité Central, le Comité d'Etampes et plusieurs personnes firent des dons de chaussures, vêtements, couvertures, toiles à matelas, linge, etc.

Le Comité de Bourg-la-Reine et Sceaux envoya une somme de 200 fr. et celui d'Arcueil-Cachan 172 fr. Le Comité central donna 13.000 fr. ; divers 235 fr. 50 ; au total une somme de 13.607 fr. 50 compris des dons anonymes ou d'habitants et de Mme FOUCHER DE CAREIL.

Le Comité s'occupa de rechercher les sinistrés les plus nécessiteux et les plus éprouvés, ceux qui avaient eu leurs mobiliers complètement perdus, des enquêtes furent faites à domicile et pour qu'aucune confusion ne soit possible avec les secours donnés par la municipalité et les autres sociétés, un contrôle fut établi avec les listes de ces sociétés et de la municipalité.

Avec les fonds à sa disposition, sans prélever sur la caisse de réserve, le Comité put donner 114 mobiliers ; ces meubles comprennent : lit, sommier, matelas, couvertures, draps, taies d'oreillers, couvre-lits, berceaux, tables, chaises, armoires, plus un bon de

20 francs par ménage pour se procurer les ustensiles indispensables chez les commerçants du pays. La dépense pour ces mobiliers et ustensiles de ménage s'est élevé à 11.636 fr. 70.

La municipalité a fourni au Comité presque tout le pain et le chauffage nécessaire au fourneau qu'elle permit d'installer dans les écoles communales. L'Armée a prêté son concours en fournissant des soldats qui firent les gros ouvrages, balayage, lavage de la cantine, transports divers, etc. Ces soldats furent nourris par le Comité ainsi que les gendarmes de service envoyés par la municipalité.

Tous les membres du Conseil d'administration ont fait largement leur devoir avec dévouement, consacrant tout leur temps au secours des victimes de la calamité, il convient de citer surtout :

Mme TUANE, présidente; Mme NOIRTIN, vice-présidente; Mme VALLÉE; Mme SOCHARD, trésorière; Mme HÉNAULT, sous-directrice d'ouvroir; Mlle Germaine SOCHARD; MM. Maurice HÉNAULT et Emile NOIRTIN, qui secondèrent leurs mères.

Clamart. — *Rapport de* M. SALADIN, *Président.*

Dès le lendemain du désastre, le 27 janvier, le Comité a donné 300 francs à la Mairie d'Issy, où des centaines de gens venaient chercher du pain.

Le 28 janvier, nous avons distribué 114 pièces de lingerie ; le 29 janvier, 138 pièces (chemises, tricots, caleçons, chaussettes, etc.), tout ce que nous possédions.

Le Maire d'Issy nous ayant demandé des chemises de femmes et d'enfants, en quatre jours nos dames en ont fait 70. Nous avons distribué, en outre, une grande quantité de vêtements usagés, mais très bons et propres.

Clichy. — *Compte rendu présenté par* Mme MAUROY, *Présidente.*

Reçu du Comité central. . . . . 14.000 fr. »»
Souscription à Clichy 1.959 05

Total des Recettes. . . . . . 15.959 fr. 05

Dépenses. — Mobiliers. . . . . 7.195 fr. 60
Vêtements, linge, chaussures. 6.828 45
Secours de loyer . . . . 1.251 »»
Secours, assistance par le travail et divers, souscription
municipale (100 fr.) . . . . 684 »»

        Total. . . . . 15.959 fr. 05

Refuge installé à la Mairie : 165 sinistrés (150 hommes, 10 femmes, 5 enfants).

Soins donnés à 4 malades et à 19 blessés civils ou militaires (médecins de la ville).

6 lits complets (pour 300 fr.) donnés après aux sinistrés.

Pharmacie : 50 francs.

Fourneaux et distribution de vivres (lait, bouillon, café, sucre, pain, chocolat, biscuits, oranges, marc).

Installation : 50 fr., le reste a été donné.

Service de la cuisine assuré par les Dames préposées aux fourneaux.

Police assurée par commissaire de police, gendarmes, sergents de ville et troupes.

Distribution de vêtements, linge, chaussures, etc. (hommes, femmes, enfants); 3 envois importants du Comité central, 16 cabans, 150 vêtements des œuvres ouvrières de Clichy.

700 familles visitées.

Colombes. — *Rapport présenté par* Mme GAUDERMEN, *Présidente.*

Reçu du Comité central : secours immédiats . . . 1.000 fr. »»
      Reconstitution du mobilier. 10.500 »»

      Total. . . . . 11.500 fr. »»

Versé à la mairie de Colombes : secours immédiats. 1.000 fr. »»
Achat meubles, literie, linge, vaisselle . . . . 10.455 »»
Frais divers pour distributions. . . . . 45 »»

      Total. . . . . 11.500 fr. »»

Il a été en outre versé à la Municipalité :

43 fr. 90, produit d'une quête faite à un bal d'enfants du 13 février.
70 francs, produit d'un tronc. Ensemble 113 fr. 90.

Notre Comité a assuré le service des premiers secours aux personnes qui, surprises par l'inondation, ont dû abandonner leurs habitations dès le jeudi 27 janvier. La Municipalité a fourni les aliments et deux femmes de service pour la cuisine. Les Dames du Comité ont assuré les commandes des vivres nécessaires à l'alimentation, surveillé la confection des mets et effectué leur distribution aux hospitalisés, *au nombre de 200*, qui sont restés logés aux préaux des écoles communales et ensuite transférés dans la salle municipale, rue Julien-Gallé, lorsque leur nombre s'est trouvé réduit jusqu'au 22 février.

Les services sanitaires étaient assurés par M. le Dr BONNECAZE, membre de notre Comité, et par deux dames infirmières de notre Comité de Colombes. Des soins médicaux ont été également donnés aux militaires logés aux écoles pendant leur séjour à Colombes.

Divers dons en argent remis à notre Comité ont servi à fournir le lait nécessaire aux enfants et à acheter du vin et autres denrées utiles aux malheureux hospitalisés.

Pour la reconstitution du mobilier des sinistrés le Comité de Colombes s'est associé avec deux groupes de la commune : la Paroisse de Colombes et une Œuvre du mobilier créée pour la circonstance. Ce groupe a secouru 145 familles nécessiteuses après enquêtes faites sur place par les dames de la Société.

Il a été distribué :

85 grands lits en fer avec literie complète, pour deux personnes ; 50 lits pliants (deux et une personne) avec literie complète ; 9 lits d'enfants avec literie complète ; 45 armoires, 85 buffets, 50 tables, 150 chaises, 47 paires de draps, de la vaisselle, ustensiles de cuisine, poêles et différents objets provenant de la Société du mobilier et de dons.

Ces distributions ont eu lieu les 27 février, 3, 6 et 9 mars. En plus des objets mobiliers désignés ci-dessus, il a été distribué une grande quantité de vêtements et de linge provenant de dons faits à notre groupe. Ces distributions se continueront jusqu'à épuisement des objets restants.

Les objets mobiliers distribués ont tous été étiquetés et timbrés avec le cachet de l'*Association des Dames Françaises* et les personnes qui les ont reçus en ont donné quittance avec engagement de ne pas s'en dessaisir.

Depuis la fin des distributions, les Dames du Comité de Colombes ont visité les ménages secourus pour s'assurer comment les objets distribués ont été utilisés et s'il n'en a pas été vendu. Elles ont constaté que le mobilier avait été très bien accueilli et que les disparitions étaient nulles. Les Dames du Comité se proposent de continuer ces visites pendant quelque temps encore.

La Municipalité de Colombes nous a prêté son bienveillant concours, en mettant à la disposition de notre Comité la salle municipale pour loger notre matériel d'ameublement et en nous prêtant des cantonniers et des agents de police pour aider et assurer l'ordre aux distributions. Les Dames de l'Association ont été de plus employées à diverses reprises pour aider aux distributions de vêtements et de chaussures faites par la Municipalité en dehors de l'Association.

La part contributive de chacune des trois sociétés du groupe, a été :

Association des Dames Françaises	11.500 fr. »»
Paroisse de Colombes	3.225 »»
Œuvre du mobilier (estimation)	2.000 »»»
Total.	16.725 fr. »»

Membres du Comité ayant participé aux différents travaux de secours : Mmes Ch. GAUDERMEN, *Présidente* ; L. MALLIÉ, *Vice-Présidente* ; G. GAUDERMEN, LE CORGUILLÉ DE YAMS, *Infirmières* ; DIDELET, *Directrice de l'Ouvroir* ; MM. Ch. GAUDERMEN, *Trésorier* ; Dr A. BONNECAZE, *Service médical* ; Lucien MALLIÉ, *Secrétaire-adjoint* ; Mmes COQUET, FALIP, GRARD, LÉPINE, PRÉVOT, TATTEGRAIN, TOUSSAINT, BONNECAZE, C. GODON ; Mlle L. JOLAIN.

Corbeil. — Reçu du Comité central . . . . . 2.000 fr. »»
Souscriptions particulières . . . . 355 »»

Distributions faites aux victimes des inondations en janvier et février 1910. — Quantité, provenance et prix des objets distribués :

a) Objets achetés à Paris, dont les factures ont été payées rue Gaillon.	455 pour	999 fr. 80
b) Objets achetés à Paris, payés à Corbeil . . .	182	316 fr. 90
c) Objets achetés à Corbeil	293	923 »»
Total des Objets achetés. . . .	930	1.239 fr. 90

Vêtements, linge, chaussures, literie donnés par le Comité central. 127

 —   —   —   — la Mairie de Corbeil. 97

 —   —   —   — le Vestiaire d'Orléans 200

 —   —   —   — la Maison de la Légion

d'honneur d'Ecouen et par diverses personnes généreuses . . 324

        Total des Objets donnés. 748

      Total des Objets achetés. 930

      Total des Objets achetés et donnés. 1.678

Ces 1.678 objets ont été distribués à 153 familles (hommes, femmes, enfants).

Dépenses. — Le Comité a donné à la ville de Corbeil, pour
 secours immédiats de vivres et de combustibles . . . . 1.000 fr. »»

Acquisitions de vêtements 1.239 90

Blanchissage des draps prêtés. 11 10

Livrets des distributions . . . . 5 »»

   Acquittées par le Comité de Corbeil. . . . . 2.256 fr. »»

Plus pour achat de vêtements, acquittées pr le Comité central 999 80

       Total. . . . . 3.255 fr. 80

Courbevoie. — *Compte rendu présenté par M.* Barbé, *Secrétaire général.*

Reçu du Comité central . . . . 13.000 fr. »»

A Courbevoie : 24 rues, places, quais, ont été envahis par les eaux, sur un front de 3 kilomètres 500 ; la hauteur a atteint 2^{m}50 ; en différents endroits, les rez-de-chaussée ont été entièrement envahis, les mobiliers, la literie, le linge, tout a séjourné par places, pendant 20 jours dans l'eau ; le désastre a été complet, effondrement de maisons, etc., nous avons tout vu, tout vérifié.

Dès le 24 janvier, le Comité de Courbevoie, fonctionnant en permanence, a décidé de remettre au Maire une somme d'argent pour secours immédiats ; nous avons pris au bureau de bienfaisance des bons de fourneaux, distribués aussitôt.

Le 28 janvier, la rue de Paris, où se trouve une population très dense, de nombreux commerçants, boulangers, bouchers, marchands de comestibles, fermèrent leurs boutiques envahis par les eaux. Une population famélique envahit alors le bureau de bienfaisance, qui totalement débordé, ne pouvait suffire aux demandes de secours et encore moins les satisfaire.

Une femme de grand cœur, appartenant à notre Comité, eut l'idée d'ouvrir immédiatement un réfectoire.

La Municipalité et le Conseil municipal, répondirent à son appel. La crèche municipale, superbe local, bien chauffé, bien éclairé, fut mis à notre disposition, des tables furent installées. L'eau potable manquait, nous réquisitionnâmes des fûts de 750 litres, un tonneau d'arrosage, un puits, dont l'eau saine et abondante nous permit de remplacer l'eau potable qui ne nous était plus distribuée par la Compagnie, ses usines de Suresnes étant envahies.

Mᵐᵉ BARBÉ, en prévision de l'affluence, avait pris toutes ses dispositions pour alimenter toutes les personnes qui se présenteraient, secondée par 4 femmes de la crèche municipale et 4 militaires du 24ᵉ de ligne, puis 4 sapeurs du 6ᵉ régiment du génie que nous couchions et nourrissions.

Je fis appel d'abord à 24 Dames, susceptibles de nous rendre service en établissant un roulement. 50 se présentèrent, volontaires dévouées et pleines de zèle.

La Presse salua notre intervention par l'article suivant :

Dans un élan superbe de patriotisme, de charité et de fraternité, les Dames Françaises de Courbevoie, ont donné et donnent encore le plus magnifique exemple de solidarité. Elles ont décidé immédiatement de donner deux repas substantiels, composés de vin pur, lait, viandes diverses, poissons, légumes verts et secs, de temps en temps du dessert, fruits, fromages, gâteaux.

Elles ont été encouragées par les visites de Mᵐᵉ l'Aᴵᵉ JAURÈS, Vice-Présidente du Comité central et de sa fille ; de M. SUZOR, du Commandant DARCET, qui ont apporté des secours en argent, vêtements, etc.

Les visites incessantes du Maire, des Adjoints, du Conseil municipal, des Administrateurs du bureau de bienfaisance, de notabilités diverses, de S. Altesse le Prince de MONACO, qui a voulu tout voir, la cuisine, le réfectoire, cela en plein fonctionnement, et nous a déclaré que nulle part il n'avait rencontré une organisation aussi parfaite.

Nos sœurs des Blessés militaires, la Princesse MURAT, la Comtesse D'ALSACE, Mᵐᵉ BOURSIER, nous ont adressé les plus chaleureuses félicitations.

M. le Dʳ TUAL, nous assistait et donnait des consultations, il a failli être victime de son dévouement ; ayant introduit les doigts dans le gosier d'une moribonde, il fut cruellement mordu, la bouche de la victime était pleine d'écume.

4

Mme BARBÉ, le 17e et dernier jour de fonctionnement du réfectoire, fut enlevée de son poste, atteinte de congestion pulmonaire, avec congestion du foie; elle a failli mourir victime de son dévouement ; à son poste de 8 h. 1/2 du matin à 9 heures du soir, elle ne se retirait que le service assuré pour le lendemain ; Mmes COMPLAINVILLE, Vice-Présidente, PANIER, Directrice de l'Ouvroir et plusieurs autres Dames, furent horriblement grippées.

Mme ANCEL et sa fille venaient tous les jours de la cité Malesherbes à Courbevoie, circulant comme elles pouvaient pour remplir leur noble mission.

Toutes superbes, femmes au cœur généreux, ont su sécher bien des larmes, faire renaître l'espoir, ce rayon consolateur, aussi Monsieur le Docteur, vous pouvez être fier de votre œuvre, ici le titre de Dame Française est sacré.

Notre vaillante présidente, Mme DESNOIX, malgré ses 72 ans, a donné le plus magnifique exemple en payant de sa personne et de sa présence à tous les repas, matin et soir ; les petits se rappelleront cette brave Présidente des Dames Françaises, qui les bourrait de gâteaux et de confiserie.

Après la fermeture du réfectoire, nous nous sommes occupés de reconstituer immédiatement les mobiliers, la literie, le linge, les vêtements. Aussitôt l'autorisation de réintégrer les domiciles, après désinfection, dès le 20 février, nous avons pourvu du nécessaire les sinistrés.

Nous avions habillé et pourvu de linge et de chaussures les malheureux chassés de leurs foyers. Pendant une nuit, la Seine est montée de plus d'un mètre ; les pontonniers, les pompiers sauveteurs enlevaient en bateau les pauvres gens à demi vêtus, dans l'obscurité les déposaient en lieu sûr ; d'où ils gagnaient les dortoirs installés.

Tous ont reçu notre visite : le 22 février, rue Adélaïde, dans une maison autour de laquelle il y avait encore plus d'un mètre d'eau, nous avons secouru une famille réfugiée au 1er étage ; il y avait là : le père, la mère et 9 enfants, couchés sur le parquet ; en face, une autre famille, père, mère, 5 enfants, etc. ; pour pénétrer, il fallait passer par les fenêtres ; rien n'arrêtait les Dames Françaises.

Détail des opérations. — Reçu au réfectoire et nourri 15.781 personnes, non compris les enfants, du 30 janvier matin au 15 février soir, soit pendant 17 jours.

Les repas étaient composés de vin pur, lait à discrétion, viandes, lard, poissons, légumes frais, légumes secs, pommes de terre, pain à discrétion, desserts variés.

Repas le matin, de 10 heures à 12 h. 1/2; le soir, de 4 h. 1/2 à 7 heures.

Reconstitué, 80 mobiliers . . . . 8.200 fr. »»

Linge, vêtements, chaussures distribués à 337 hommes, 505 femmes, 492 enfants, en tout 1.254 personnes . . . . 1.500 »»

Remis à Mme Fivaz, recommandée par le Comité central . 20 »»

Indemnité au personnel de la Crèche et dépenses diverses pour le fonctionnement du réfectoire, du 30 janvier matin au 15 février soir, pendant 17 jours, gratifications aux militaires du 24e de ligne et 6e génie, et bons de fourneaux . . . . 300 »»

Versé entre les mains de M. le Maire, le 26 janvier, pour secours immédiat . . . . 250 »»

Versé entre les mains de M. le Maire, pour remboursement de denrées fournies pour le fonctionnement du réfectoire pendant les premiers jours . . . . 700 »»

Dépenses engagées (mobiliers à réparer, etc.) à solder . . 2.030 »»

Total des dépenses. . . . . 13.000 fr. »»

Le Comité a reçu de nombreux dons en nature, linge, vêtements, chaussures, coiffures, vin, lait, viandes, volailles, charcuterie, légumes, pommes de terre, fruits, fromage, confitures, gâteaux; quelques dons en argent.

Il n'a pas été ouvert de souscription en faveur du Comité.

Des reçus ont été remis à tous les donateurs.

En résumé : 15.781 personnes ont été nourries; 1.254 vêtues, chaussées et pourvues de linge; 80 intérieurs reconstitués par le seul Comité des Dames Françaises de Courbevoie.

La reconnaissance de tous se manifeste à notre égard; la sympathie pour les Dames Françaises est universelle.

Les témoignages officiels nous sont donnés par les autorités; les Dames Françaises ont été acclamées en séance publique du Conseil municipal, et nous avons reçu pour nos archives les délibérations suivantes :

Courbevoie, 21 mars 1910,

Le Vice-Président du Bureau de Bienfaisance à Mme la Présidente de l'Association des Dames Françaises, Comité de Courbevoie.

Extrait :

Permettez-moi, Madame la Présidente, de joindre mes remerciements les plus sincères à ceux de la Commission, et veuillez recevoir pour ces Dames et vous-même, Madame la Présidente, l'expression de mes hommages les plus respectueux.

Le Vice-Président du Bureau de Bienfaisance : POIRSON, ✵.

Dans sa séance du 11 avril, le Conseil municipal a accepté avec le plus vif empressement la généreuse proposition des Dames Françaises de rembourser les vivres fournis pour le fonctionnement du réfectoire et chargé M. le Maire d'adresser les remerciements du Conseil municipal au Comité des Dames Françaises pour sa libéralité et le concours très précieux qu'il a prêté à la Municipalité lors des dernières inondations.

En m'acquittant de cette agréable mission, je me fais un plaisir d'y joindre mes remerciements personnels et vous prie de vouloir bien agréer l'expression de mes sentiments les plus distingués.

Le Maire : MÉRING, ✵.

Telles sont, en résumé, les opérations du Comité des Dames Françaises de Courbevoie. Ces Dames ont mis en pratique leur belle devise : (Charité et Dévouement) pour l'Humanité, pour la Patrie.

Dourdan. — Le Comité a d'abord voté sur ses fonds une somme de 500 francs, qui a été envoyée à la Sous-Préfecture.

Puis, en deux envois, *16 caisses* de vêtements usagés (donnés par les habitants) et de linge provenant du vestiaire des Dames Françaises ont été remises directement au Maire de Juvisy.

Enfin, une somme de 500 francs, provenant d'une souscription communale, a été envoyée par la Mairie au Comité central.

Etampes. — Souscription locale : 10.227 fr. 90.

Extrait du Rapport de M. BUNEL, *Secrétaire général.* — Cette souscription, provoquée par le Comité, était destinée à être convertie en objets et aliments les plus nécessaires — à distribuer par les soins des Comités de l'Association se trouvant sur les lieux éprouvés par l'inondation.

Lorsque les calamités provenant de l'Inondation nous ont paru nécessiter l'intervention du Comité, la Commission administrative s'est réunie pour aviser aux moyens de provoquer une souscription en faveur des malheureux sans asile, sans travail, sans ressources, sans vivres. Ces Dames ont bien voulu me laisser le soin de faire le nécessaire.

Aussitôt, des circulaires furent imprimées portant d'un côté la sollicitation à MM. les Maires des communes, d'autre côté une liste de souscription à faire remplir ; en même temps les adresses étaient préparées et timbrées de sorte que, le lendemain même, les circulaires étaient expédiées.

Je vous remets en communication une de ces listes en même temps qu'une de celles qui nous avait servi pour la souscription Russe.

Certains maires, avec le concours dévoué, il faut l'ajouter, de leurs instituteurs, que l'on ne saurait, dans la circonstance, assez remercier, ont mis un louable empressement à faire circuler et à nous renvoyer leur liste garnie des noms des souscripteurs. Certains autres n'ont pas répondu ; d'autres ont envoyé leur souscription par la voie officielle à la Préfecture.

En résumé, 49 communes sur 71 sollicitées ont répondu à notre appel et le montant de leurs souscriptions s'est élevé à 7.498 fr. 70. La souscription dans la ville, réalisée en grande partie par des quêtes faites à domicile par de nos dévouées dames, a donné 2.729 fr. 20 pour 395 souscripteurs.

Nous sommes entrés ensuite en rapport avec nos Comités des localités éprouvées pour connaître leurs besoins, en vivres d'abord, en vêtements ensuite et enfin en couvertures et draps (Savigny-sur-Orge, Vitry, Gennevilliers, Villeneuve-Saint-Georges, Choisy-le-Roi, Ivry-sur-Seine, Ablon).

A toutes les demandes qui nous ont été faites, nous avons répondu en adressant les objets demandés : vivres d'abord dans les premiers jours, puis objets divers en linge et vêtements, une partie provenant de dons, la plus grande partie d'acquisitions ; draps et couvertures acquis ensuite, quand les inondés ont pu réintégrer leur domicile.

Toutes ces demandes nous ont été faites avec la plus grande discrétion et d'après les besoins réels, ainsi que nous avons eu la satisfaction de le constater, ce qui est tout à l'honneur de nos Comités.

Il a été fait, pour ces envois, des acquisitions dans la ville d'Étampes, dont le montant a dépassé celui de la souscription locale.

Le résumé de nos dépenses, dont le détail a été fourni par état, a été :

Acquisitions diverses . . . . 4.205 fr. 65
Sommes à payer (couvertures et paillasses) 1.262 50
Secours directs à des familles inondées connues personnellement des Dames du Comité et après enquête sur place. . 681 70

A reporter. . . . . 6 149 fr. 85

Report.	6.149 fr. 85
Envoi en espèces au Comité d'Ablon	200 »»
Frais divers : Personnel . . . . 9 fr. 75	
Imprimés : papiers, correspondance, affranchissements. 81 55	115 05
Ports de ballots par le chemin de fer . . . 23 75	
Dépenses engagées	3.763 »»

Total égal à la souscription. . . . 10.227 fr. 90

Sur les fonds par lui recueillis, le Comité d'Étampes a attribué directement : 1° au Comité d'Ivry, 1.000 francs ; au Comité de Charenton, 500 francs.

Fontenay-sous-Bois. — Le Comité central a versé 2.000 fr. pour secours aux sinistrés.

Gennevilliers. — *Compte rendu présenté par* Mme ROBERT, *Secrétaire générale.* — Reçu du Comité central . . 17.500 fr. »»

La naissance du Comité de Gennevilliers fait partie de l'histoire de l'inondation de janvier 1910.

Ce furent de tristes moments, mais rendus moins terribles grâce à l'initiative privée dans le domaine de la charité. Elle s'est manifestée rapide et industrieuse comme il le faut sur le champ de bataille et, pour donner de l'autorité à ce groupe plein d'ardeur, le Comité central lui a conféré l'avancement après l'avoir observé en pleine action.

Gennevilliers, comme sous-comité dirigé par Mme FLAMENT, dépendait d'Asnières ; c'est là que, tout d'abord, elle demanda du secours, mais les eaux coupant les routes interrompirent les communications entre les deux villes. Avant qu'elles fussent rétablies par des moyens de fortune et que l'autorisation de prendre 200 francs sur les cotisations fût parvenue, il avait fallu s'organiser.

Il y a des circonstances où l'on ne peut différer, et Mme FLAMENT se rendit compte qu'elle ne devait pas attendre pour rassembler autour d'elle les bonnes volontés. Elle fit appel aux adhérentes et à chacune de celles qui se présentèrent confia un poste, qui fut rempli avec le plus grand dévouement.

A l'une d'elles, Mme BARBIER, qui venait de faire construire une maison de rapport, notre Présidente demanda puisqu'elle n'était pas encore habitée, d'y loger quelques-uns des premiers sinistrés ; sans une hésitation, cette généreuse propriétaire accéda au désir qui lui était exprimé. Parmi les hospitalisés se trouvait un malade auquel tous les soins furent assurés.

En même temps notre Association s'était mise à la disposition de la municipalité qui avait accepté l'offre avec empressement et donné une salle de la mairie dans laquelle nous installâmes nos maigres ressources.

C'était peu en effet que 40 ou 50 vêtements pour habiller les gens insuffisamment vêtus qui se présentaient après avoir fui précipitamment leurs maisons envahies. Pourtant quelques-unes de nos dames, après avoir écrit de tous côtés, avaient reçu satisfaction, ce qui, nous ayant rendues plus riches, nous permit, à notre grande joie, de faire les choses plus largement.

A la mairie des vêtements parvenaient aussi de diverses communes qui se solidarisaient avec la nôtre si éprouvée ; aussitôt ces vêtements venaient regarnir nos rayons à mesure qu'ils étaient dégarnis.

Egalement, et à plusieurs reprises, M. le Curé de Gennevilliers faisait don de colis qui lui avaient été adressés pour ses paroissiens.

Devant l'heureux encombrement qui s'affirmait, la première salle fut trop petite et nous dûmes nous transporter dans un local voisin que M. le Secrétaire de la mairie avait trouvé dans une maison appartenant à M. BOURGUIGNON. Celui-ci le mit gracieusement à notre disposition pour la période des distributions. C'est là que, pendant un grand mois, toutes ces Dames, à qui notre vaillante Présidente donnait l'exemple, vinrent, dès le matin, se mettre à l'ouvrage. A Mme BÉGLOT avait été confiée la composition des layettes ; Mme RÉVÉRAND s'occupa du classement des vêtements par catégories, grosse besogne à refaire tous les matins pour les distributions de l'après-midi. Elle était secondée par des Dames dont le merveilleux entrain ne faiblit pas un seul jour.

Un ouvroir provisoire avait été installé et rendait de grands services.

Nous avons pu soulager 530 familles dont beaucoup comprenaient

cinq, six ou sept enfants. Nous avons même pu procurer un peu de
bien-être à de pauvres marins, en donnant quelques pièces de
rechange à quelques-uns d'entre eux qui en avaient le plus grand
besoin.

D'un autre côté Mme Lévêque, membre de notre bureau, fut
déléguée pour secourir les habitants de son quartier : l'Avenue du
Pont-de-St-Ouen, qui se trouvait séparé du centre de Gennevilliers
par les eaux. Elle alla trouver M. le Maire de Saint-Ouen, à qui elle
proposa ses services qui furent acceptés avec reconnaissance. Le
préau des écoles de la mairie lui fut prêté pour y abriter environ 80
de nos sinistrés.

Mme Lévêque se mit à l'œuvre et fut aidée dans la suite par les
autres sociétés de la Croix-Rouge ; l'entente fut parfaite.

Pendant ces quinze jours ces dames purent admirer le zèle avec
lequel Mme Lévêque se prodigua, confectionnant soupes et ragoûts
et distribuant sept ballots de vêtements que nous avions réussi à lui
faire parvenir malgré d'innombrables difficultés.

Mais le gros de l'armée de secours ne devait pas tarder longtemps.
Mme Pierre Pitet, membre du Comité central, apportait ses dons
personnels et, non contente de cet effort, allait intéresser le Comité
central au sort de Gennevilliers, dont elle venait d'évaluer les ressources et les besoins. D'ailleurs, son action bienfaisante devait
s'exercer longtemps et fréquemment sur notre territoire qu'elle doit
maintenant fort bien connaître.

Mme Desfossés-Dalloz, Présidente du Comité de l'Isle-Adam,
venait nous faire plusieurs visites et vidait entre nos mains le contenu
de sa voiture qu'elle avait remplie des choses les plus utiles, tant en
vivres qu'en vêtements.

Mme la générale Sée apportait en deux fois plus de 100 layettes. Il
est inutile de faire ici l'éloge de cette œuvre qui, cette fois encore,
a fait le bonheur des mères, heureuses de voir leurs chers petits à
l'abri du froid qui sévissait alors dans toute sa rigueur. C'est la
seule récompense qu'ambitionne le grand cœur de la fondatrice.

Mme Henri Dézert, adhérente de notre Comité, a été une des
premières à nous aider pécuniairement en nous faisant un don de

5o francs. Mme LÉEMPUT, également adhérente, a aidé au ravitaillement avec de nombreux pot-au-feu et ragoûts.

De la part de la paroisse Saint-Roch, très généreuse, il nous avait été remis de gros colis de vêtements, qui avaient considérablement augmenté nos provisions.

Mme Ernest CARNOT nous causa la plus agréable surprise en nous envoyant quantité de galoches et chaussons, dont le besoin se faisait tellement sentir que dès l'après-midi ils furent tous placés. A ce lot s'ajoutaient des layettes minutieusement préparées, du linge et des objets divers. Ajoutons à cette liste plusieurs dons anonymes de 5 francs, 20 francs, 20 francs, 10 francs et 20 francs.

Des dames venaient souvent assister à nos distributions et se rendre compte de ce qui pouvait nous manquer. Chacune de leurs visites était l'occasion d'un nouveau bienfait. Nous sommes heureuses de citer : Mmes WEILL et RAPHAEL, qui nous ont signé une grande quantité de bons de viande et de pain, après avoir apporté des vêtements de toutes sortes et d'excellentes chaussures dont nous avions tant besoin. Elles s'étaient adressées à nous pour connaître les familles les plus nécessiteuses, et ces familles ont bénéficié de la grande charité de ces dames.

Nous avions suggéré cette idée de marchandises à prendre sur bons dans le pays par notre intermédiaire, afin que le commerce local ne souffrît pas d'achats faits au dehors.

Mmes BISCHOFF, BOKANOWSKY, WOLFF, PILLET, installées au Petit-Gennevilliers, DE LA MEILLERAIE, figurent parmi nos plus généreuses donatrices en vivres, vêtements, lingerie, etc.

L'action des Comités fut ce qu'elle devait être, avec la bonne discipline qui est la garantie du succès. Grâce à eux, le nécessaire a été fait. Il n'y avait qu'à exposer ses besoins. Enghien, Saint-Gratien, Montmorency, après avoir secouru beaucoup de nos concitoyens réfugiés chez eux, envoyaient de quoi habiller les malheureux inondés qui n'avaient pu partir.

Le Comité d'Etampes se chargea de nous faire parvenir des vêtements et du linge de La Rochelle, envoi qui fut le bienvenu ; d'Etampes même on nous envoya un magnifique lot de draps et de couvertures, qui arriva très heureusement au moment de la distribution des mobiliers, et qui nous fut d'un grand secours, car à ce moment nous commencions à en manquer.

Il restait, après le désastre, un fardeau trop lourd à porter pour beaucoup de ceux qui avaient été chassés de leurs demeures ou qui avaient longtemps chômé : qui allait payer le loyer de la petite maison quittée à la hâte ? qui allait fournir un autre logis à ceux qui ne pouvaient rentrer dans l'ancien, détruit ou malsain ? qui allait payer le terme, en un mot ? Une Société « l'Abri », s'est chargée de ce soin. Grâce à un accord entre Mme la Présidente de l'Abri et Mme FLAMENT, les enquêtes ont été plus faciles et les erreurs évitées.

Où cela était utile, l'Abri, sur notre indication, effectuait le paiement de tout ou partie du loyer. Cette entente a donné d'excellents résultats, car nous pouvons, maintenant que le calme est revenu, apprécier l'inestimable service que la Société de l'Abri a rendu à des malheureux.

Mobiliers. — Mais notre plus grosse tâche restait à faire, nous voulons parler de la répartition des mobiliers.

Le début de nos enquêtes fut assez difficile, la commune étant très étendue et encore couverte d'eau dans différents endroits. Nous usâmes des véhicules les plus divers, qui nous transportèrent à travers les plaines transformées en vastes marécages.

Il ne nous fut pas toujours facile de pénétrer dans les demeures à moitié démolies, où l'eau séjournait encore. Là, un lamentable spectacle s'offrait à la vue : tables, chaises, lits entremêlaient leurs bois, et des buffets et armoires s'échappait ce que les malheureux sinistrés n'avaient pu sauver.

Ailleurs le désastre était moins grand, mais notre entremise bien utile, pour remplacer par un lit sec le grabat mouillé sur lequel de pauvres gens reposaient la nuit.

Nous allâmes ainsi, *pendant trois ou quatre semaines*, réconforter les inondés par la promesse d'un mobilier, portant la joie et le bonheur perdus et faisant bénir l'*Association des Dames Françaises*.

Grâce à notre Présidente et à sa douce fermeté, l'ordre a toujours régné et tout gaspillage a été évité. Elle était toujours là pour accueillir les donateurs avec une aimable simplicité et les nécessiteux avec justice et bienveillance ; ses collaboratrices ont rempli leurs rôles dans le même esprit.

A ce Rapport, Mme FLAMENT, Présidente du Comité, croit devoir ajouter que Mme ROBERT fut dévouée entre toutes ; dès la première heure elle était à son poste et a fait les services des enquêtes ainsi que Mme RÉVÉRAND.

Compte financier. — RECETTES : Souscriptions particulières. 127 fr. »»
Reçu du Comité central. . . . . 500 fr. »»
    »   »   . . . . 1.000 »»
    »   »   . . . . 10.000 »» $\Big\}$ 17.500 »»
    »   »   . . . . 5.000 »»
    »   »   . . . . 1.000 »»
Subvention de la Municipalité 2.160 30

Total. . . . . 19.787 fr. 30

DÉPENSES : Reconstitution de mobiliers (174 familles). . 18.298 fr. 25
Réparation de mobiliers (16 familles) 946 35
Secours en nature : (achat de vêtements et denrées) . . 400 80
Secours immédiats en argent. . . . . 37 »»
Frais généraux . . . . 91 fr. 40 $\Big\}$ 104 90
Frais de correspondance (timbres) . . . 13 50

Total. . . . . 19.787 fr. 30

VÊTEMENTS : Un peu plus de 4.000 vêtements répartis dans 530 familles.

Gennevilliers-Villeneuve-la-Garenne et autres localités sinistrées. — *Compte-rendu présenté par* Mme PITET, *Membre de l'Association.*

Versé par le Comité Central pour Villeneuve-la-Garenne. . . . . 1.000 fr. »»

Etant allée rue Gaillon, le vendredi 28 janvier, pour me mettre à la disposition de l'Association et ayant vu qu'on n'y manquait nullement de personnes de bonne volonté et que, par conséquent, j'y serais inutile, j'ai décidé le soir avec mon mari que, puisque nous avions une forte provision d'essence et que partout on en manquait, j'irais seule de mon côté essayer de soulager un peu de misère.

A partir du lendemain 29 janvier, je me suis mise en route avec 300 kilos de pain et 80 litres de lait et j'ai commencé par aller à Issy, et à

Ivry. La misère était affreuse, le ravitaillement étant impossible, car les routes étaient inondées et parfois l'automobile avait de l'eau par-dessus les essieux. Les gens se jetaient à l'assaut de la voiture pour avoir du pain, et j'ai dû demander à des sous-officiers de faire entourer la voiture par leurs hommes.

J'ai continué pendant 9 jours, visitant tour à tour Issy, Ivry, le Kremlin-Bicêtre, Choisy, Alfortville, Gennevilliers, Villeneuve-la-Garenne, Puteaux, Courbevoie et distribuant mes provisions, soit aux mairies, soit aux permanences ou aux dispensaires de la Croix-Rouge, sans distinction de Sociétés. Pour le lait, je le distribuais moi-même dans la rue, aux femmes qui avaient des tout petits. De tous les environs j'ai ramené chaque jour, à Paris, des sinistrés que je con-duisais, 7, impasse Reille, à Montsouris, où un Réfuge était installé par les Franciscaines missionnaires; refuge pour lequel notre Comité m'a remis 500 francs.

Le 7 février, je suis de nouveau venue me mettre à la disposition de l'Association et j'ai été chargée des transports de vêtements, de fonds, etc., pour *Gennevilliers*, où j'ai continué à aller jusqu'au 12 mars, 3 ou 4 fois par semaine pour aider les Dames de ce sous-comité dans leurs distributions, les mettre en rapport avec l'Abri, faire des enquêtes pour les mobiliers et aider ce sous-comité à se transformer en comité.

J'ai organisé un départ de 17 enfants pour Arcachon.

J'ai obtenu 14 secours de loyer de l'Abri, en outre différentes enquêtes sont en cours en ce jour. J'ai fait donner de nombreux mobiliers par le Comité de Gennevilliers à Villeneuve-la-Garenne et j'ai obtenu de la Samaritaine et de la maison Singer des prix spéciaux, qui ont permis à notre Association de faire remettre en état les machines à coudre de Gennevilliers et de Villeneuve-la-Garenne détériorées par l'eau.

20 Avril 1910.

Gentilly. — Reçu du Comité Central . . . . . 2,000 fr. »»

Etat de distribution dressé par Mme EYRAUD, *présidente.* — 149 objets d'ha-billement (vêtements, linge pour hommes, femmes et enfants) *donnés par le* Comité central.

619 objets d'habillement (vêtements, linge, chaussures pour hommes, femmes et enfants) *achetés* par le Comité.

Le tout distribué en 4 fois, 3 fois à la Mairie, 1 fois en la salle de Conférences du Comité.

Ivry. — *Rapport présenté par le* Dr COURGEY.

Reçu du Comité central . . . . 20.000 fr. »»
Dons divers 3.057 85
Reçu du Comité d'Etampes. . . . . 1.000 »»

Total. . . . . . . 24.057 fr. 85

On n'avait pas encore achevé de répondre aux vœux de fin d'année, qu'une crue soudaine de la Seine provoquait une des plus terribles inondations dont Paris et la banlieue aient souffert depuis des siècles, et dont ils garderont un triste et inoubliable souvenir.

Le niveau des eaux a dépassé de 85 centimètres la hauteur de la plus ancienne grande crue connue, celle de 1649, dont l'inscription commémorative se trouve gravée sur le chapiteau d'un gros pilier d'une ancienne ferme du vieil Ivry, rue Voltaire, 6.

Le 20 janvier, le service de la batellerie et des bateaux parisiens fonctionnait, le niveau de la Seine était déjà très élevé. Le 21 ce service était interrompu. Le 22 la cote approchait 6 mètres au pont d'Austerlitz, les eaux envahissaient la rue Nationale et l'entrée de la rue de Seine. Le 23, l'eau montait toujours et les pavés de la rue de Seine, jusqu'au marché d'Ivry-Port, étaient recouverts d'une couche d'eau d'environ 20 centimètres. Les nouvelles des stations hydrométriques étaient alarmantes.

Un flux d'habitants des quartiers d'Ivry-Port, tenant compte avec raison de ces nouvelles, pendant que d'autres, sceptiques, ne prenaient aucune précaution et attendaient les événements, se porta vers le centre. Des déménagements s'opérèrent promptement, passant des rez-de-chaussée aux étages, ou se dirigeant vers des lieux plus sûrs, pendant que de nombreux curieux de Paris ou des localités voisines encombraient l   passerelles et gênaient le mouvement de recul des malheureux hab ants.

Quelques accidents sans gravité se produisaient déjà : chutes dans l'eau, crises de nerfs, etc. ; la situation devenait inquiétante ; l'organisation de postes de secours s'imposait.

1re Étape. — Ce dimanche 23 janvier, Mme COURGEY, vice-présidente d'honneur du Comité d'Ivry, fit appel aux adhérentes, mais la plupart de ces dames habitant les quartiers déjà inondés, un petit nombre répondirent à son appel.

Le Comité s'installa aussitôt à l'école des garçons d'Ivry-Port, avec son matériel de pansements, sa boîte de secours, un lit, du linge, deux brancards, un fourneau à gaz. Pendant ce temps, les coloniaux du fort d'Ivry, les pompiers, les gendarmes, les sergents de ville aidaient aux sauvetages.

Dès la première heure, les Dames Françaises eurent à faire transporter des paralysés à l'hôpital, à soigner de légères blessures aux mains ou aux pieds des sauveteurs, à calmer des crises de nerfs, des accès d'épilepsie, à secourir et à réconforter physiquement et moralement des sinistrés, mouillés, grelottants, angoissés ; à réchauffer des vieillards arrachés avec peine et malgré eux à leurs masures.

L'eau montait toujours presque à vue d'œil. L'accès des écoles et du poste de secours devenait déjà difficile. Nous proposâmes d'évacuer les écoles et de transporter notre matériel en arrière de la ligne d'eau, puisque aussi bien les victimes ne pourraient bientôt plus nous parvenir. Quelques hésitations se produisirent, on ne pouvait croire à la continuation de la crue, et, tard dans la soirée, on quitta le le poste, remettant au lendemain la question du départ. Mais l'eau montait toujours... Dans la nuit, la population affolée se porta en masse vers Ivry-Centre, arrivant en voitures, en prolonges d'artillerie, en canots.

La Municipalité qui veillait, et à qui nous avions fait nos recommandations, fit enlever notre matériel vers 2 heures du matin, en laissant une partie, notamment un lit, à la merci du flot : le niveau s'était élevé de 50 centimètres dans la nuit.

Bientôt les plats-bords et les tréteaux furent emportés par l'eau montante et la circularion en canot devint seule possible. Dans la journée du 24, quelques prolonges d'artillerie aidèrent encore au service de sauvetage, mais, dans la soirée elles ne purent continuer le service, les chevaux ne pouvant plus avancer et l'eau dépassant le tablier des prolonges.

Les écoles du centre furent immédiatement évacuées ; la salle de conférences reçut les premiers réfugiés, mais la masse des sinistrés augmentant, ils envahirent le groupe scolaire du centre, dans un émoi indescriptible.

2ᵉ **Étape.** — Dans la matinée du lundi 24, après quelques heures de séjour à la salle des conférences, le poste du Comité d'Ivry s'installe aux écoles du centre, à l'école maternelle, au milieu même des sinistrés.

Les difficultés étaient inouïes. Les Dames du Comité habitant Ivry-Port, devant les difficultés d'abandonner leur domicile, ou devant la nécessité de fuir, ne pouvaient nous donner leur concours; on le comprend très bien et personne n'a jamais eu la pensée de les en blâmer. D'autre part, celles d'Ivry-Centre, se trouvaient dans l'angoisse de l'attente et s'occupaient en outre de recevoir des réfugiés amis. C'est alors que Mᵐᵉ COURGEY, sinistrée elle-même, avec Mˡˡᵉˢ Marie, Marguerite et Suzanne BURGARD, sollicitèrent le concours de leurs amis et connaissances et eurent le bonheur de voir accourir à leur appel des jeunes filles, étudiantes en médecine, du Cercle *Amicitia.* Nous eûmes ainsi la bonne fortune d'avoir un personnel nombreux et instruit, puisque quelques-unes de ces demoiselles étaient externes des hôpitaux, d'autres à la période terminale de leurs études et dont le dévouement fut absolument remarquable; Mˡˡᵉ Marguerite BURGARD et Mˡˡᵉ TASSERIE, malgré la maladie, malgré la fatigue extrême et la préparation d'examens, restèrent sur la brèche pendant la période critique des inondations. Nous nous rappellerons toujours avec émotion et reconnaissance combien, comme d'autres encore d'ailleurs, elles étaient prêtes au premier signal, arrivant de bonne heure au poste sur notre désir, restant tard sur notre demande, et, tellement disciplinées et actives, que nous nous demandons encore aujourd'hui avec regret, si nous n'avons pas dépassé la mesure et ne les avons point poussées au surmenage.

Avec ces excellents renforts, le poste du Comité remplit son office de solidarité. Installé avec cuisine, tisanerie, pharmacie, réconfortants, dispensaire, pansements, brancards pour transport de blessés, d'infirmes, de vieillards ou de malades, tout fut mis en œuvre par ces dames avec une compétence, une intelligence et un dévouement vraiment remarquables et dignes d'éloges jusqu'au

2 février. Elles apportent du soulagement aux grandes misères qui viennent à elles, se donnant aux milliers de sinistrés qui passent et s'entassent dans les refuges : vieillards, infirmes, chroniques, malades, gens propres, gens malpropres, tous les âges, toutes les conditions, couchant sur une paillasse sommaire, enveloppés d'une couverture militaire, côte à côte, désolés, mornes, angoissés, silencieux.

Il serait injuste d'oublier qu'elles furent secondées dès le début par Mme Victor ROUSSEAU et, quelques jours après, par Mlle BLET, Alice HAY et Mme LOISEAU, qui, ayant quitté leur domicile sinistré, vinrent parfois de très loin malgré les difficultés des communications, donner leur concours.

Et, au Refuge, c'était un spectacle réellement touchant de voir le contentement et la reconnaissance de ces pauvres gens pour les soins dont ils étaient entourés et la pitié que l'on prenait d'eux.

Chargés que nous étions, par nos confrères de la direction du service médical des Refuges, et par la Préfecture, par l'intermédiaire du Dr THIERRY, chef des services techniques d'hygiène de Paris, du service des transports avec 10 voitures d'ambulance, nous avons pu mêler et intéresser notre Comité au mouvement sanitaire des refuges d'Ivry-Centre. C'est à partir des 25, 26 et 27 janvier que notre Comité continue à distribuer le petit déjeuner du matin, du tilleul, des grogs, des boissons chaudes aux sinistrés présents ou à ceux qui arrivent, les consolant, réchauffant le lait des enfants, soignant les bobos, donnant des conseils médicaux, préparant les médicaments simples aux malades dont le transport à l'hôpital ne s'impose pas et distribuant déjà des vêtements.

Plusieurs centaines de tasses d'infusions ou de grogs sont distribuées quotidiennement et le tilleul très apprécié. Nos brancards sont toujours utilisés.

Le 26, les écoles du Petit-Ivry sont évacuées, puis s'emplissent de sinistrés.

C'est le 27 que le Comité central nous fit, par MM. SUZOR et le capitaine STOFFEL, délégués, offrir du linge, des infirmières, les subsides nécessaires.

Les 28 et 29, les secours nous arrivent de tous côtés : linge, effets, vêtements, argent, prêt de 50 couvertures du 3e arrondissement par l'intermédiaire de notre ami M. PEUCH, Conseiller municipal de Paris. 106 bouteilles de lait stérilisé Gallia nous sont confiées pour être distribuées aux enfants des réfugiés, sur ordonnance médicale.

Comme on le verra dans le compte-rendu et la liste générale des dons, que vous fournira la trésorerie, des vêtements par voitures nous arrivent. 50 couvertures nouvelles prêtées par le « Prêt gratuit de couvertures et d'habillement de l'enfance du 6e ».

Notre Comité continue les distributions, place les couvertures chez des particuliers, chez les personnes qui reçoivent des sinistrés et sont à court de literie. Nos Dames s'appliquent au service de pharmacie, dispensaire, tisanerie, pansent un certain nombre de soldats blessés, et, pour que la répartition des effets et vêtements se fasse d'une façon équitable, s'entendent avec la municipalité pour en distribuer un grand nombre avec elle dans les distributions qui sont faites, et auxquelles elles participent.

Le 31, le Comité Central nous adresse deux infirmières de nuit. Nous sommes obligés de les remercier, attendu que notre installation au milieu des sinistrés ne nous permet pas de coucher des infirmières dans notre local, dans une atmosphère, dans une ambiance et des conditions trop particulières. D'ailleurs le service de nuit nous paraît inutile, maintenant que les rescapés sont rares et que nous laissons pour la nuit, à la disposition de la section d'Ivry, des Sauveteurs Français, et du surveillant du refuge, le très dévoué M. ROBIN-HOEL, nos fourneaux et nos secours en cas de besoin.

Pendant que la crue atteint son maximum, ces Dames continuent leur action bienfaisante par un temps froid, neigeux, ou pluvieux, en l'absence d'électricité, de gaz, et privées d'eau potable. Elles pansent les plaies résultant d'accidents sur la voie publique, les impétigos, entorses, eczémas, ulcères, furoncles, fistules tuberculeuses, etc., sous notre surveillance ou celle du Dr LEBRUN, dirigent les personnes qui viennent chercher des enfants, soit pour eux, soit pour des municipalités ou des organisations philanthropiques, leur donnent des indications, assistent aux visites médicales du matin et du soir, répondent à toutes les demandes, écoutent toutes les plaintes, consolent toutes les misères, donnent des vêtements, se dévouent, se multiplient

5

et contribuent à participer dans une large mesure à l'admirable mouvement de solidarité sociale qui s'est produit au sujet des inondés.

Le 3 février, le Comité reçoit la visite du Sénateur P. STRAUSS, venant s'informer de l'organisation des secours et pousser à celle d'un ouvroir. Nous avons regretté de ne pas avoir eu le plaisir de le rencontrer, car nous lui aurions expliqué, ce qu'il a d'ailleurs constaté, les difficultés de cette organisation, dans une population dont les femmes qui vont à l'atelier ignorent, pour la plupart, les travaux de couture et même les soins du ménage. Celles qui travaillent pour les magasins commencent d'ailleurs à trouver de l'ouvrage.

Les eaux baissent et la rentrée va se faire ; moment difficile et plein de surprises pénibles. Pendant ce temps ces Dames poursuivent leur belle mission, occupées sans relâche à leur dispensaire avec ses multiples travaux nécessaires.

Le 7, elles reçoivent la visite de M. THURNEYSSEN, du Comité central, qui assure pour le lendemain un versement de 3.000 francs sur les fonds promis la veille à Mᵐᵉ COURGEY. Ce jour-là, la Commission administrative du Comité se réunit chez Mᵐᵉ Ch. ROUSSEAU, Vice-Présidente.

Dans un élan généreux, les membres de cette Commission demandent que l'on fasse largement les choses, qu'on épuise la caisse, voire et y compris les fonds réservés à l'Hôpital, et qu'on verse 5.000 francs à la Municipalité.

Sur les observations faites que certains fonds du Comité sont immobilisés, que, d'autre part, nous, Société d'assistance, sommes mieux indiqués que la Municipalité pour la distribution de ces secours et qu'il appartiendrait plutôt à la Municipalité de nous donner des fonds à distribuer qu'à nous de lui en fournir, il a été voté que l'on ferait un versement de 3.000 francs à la Municipalité et que l'on userait le plus largement possible des fonds disponibles.

Le lendemain 8, M. THURNEYSSEN nous remet 3.000 francs qui sont versés à la Municipalité.

Après avoir distribué environ 3.000 francs de boissons, médicaments et denrées alimentaires, 106 bouteilles de lait stérilisé, 500 litres de lait Maggi, 100 couvertures, des vêtements, chaussures, linge en quantité considérable, préparé des potions calmantes, fait plus de 400 pansements, etc., ces Dames songent à quitter les écoles du centre et à s'installer au centre du quartier d'Ivry-Port, le plus éprouvé.

3me Étape. — Elles trouvent le local du Cercle de l'Union et s'y installent le 11 février, après avoir reçu des sinistrés les témoignages les plus touchants de reconnaissance.

Elles avaient passé 19 jours au milieu d'eux, en contact immédiat avec leurs misères et jamais, à aucun moment, elles n'ont eu à se plaindre ni à subir leurs exigences ou leur mauvaise humeur quand elles ne pouvaient leur donner satisfaction. Ils se trouvaient heureux d'approcher ces Dames, toujours respectueux, déférents, polis et résignés.

Elles ont pu apprendre à connaître le peuple, à constater combien il est bon et cordial, et s'assurer qu'il possède des qualités et des vertus que beaucoup ignorent ou méconnaissent. Elles allaient être appelées à le constater encore de plus près, chez lui, dans son intérieur.

Pourquoi n'avez-vous pas installé une cantine et nourri quelques sinistrés, comme faisaient les autres Sociétés, nous demande-t-on?

C'est que nous étions à même de voir tout ce qui se passait et de juger de l'opportunité des mesures à prendre. A côté de nous, au patronage municipal, était installée une immense cantine où les réfugiés du quartier du Centre trouvaient en abondance une excellente nourriture. Tous avaient les vivres assurés, et la Municipalité a été aidée dans cette tâche par des approvisionnements considérables qui lui arrivaient gratuitement de tous côtés. Non pas, toutefois, que l'alimentation des sinistrés ne coûtât rien à la Municipalité, mais les sinistrés ne manquant de rien, nous avons songé à l'avenir, au retour chez eux, aux désastres et aux ruines qu'ils allaient constater, aux besoins *urgents* qui allaient se faire sentir, et nous avons ménagé nos ressources pour ce terrible moment.

Le 12, l'installation est faite au Cercle de l'Union pour les distributions de boissons chaudes (lait, café, bouillon, infusions) et de bons de viande, pain, pommes de terre et charbon.

Le service du dispensaire, tisanerie et pharmacie, est supprimé, sauf cas d'urgence. Il n'a plus sa raison d'être, puisque les services municipaux d'assistance fonctionnent et qu'il n'y a plus d'agglomération autour du poste.

Il s'agit maintenant de faire des enquêtes à domicile. Pour cela on divise les quartiers éprouvés en secteurs, et ces dames opèrent en suivant nos recommandations de noter exactement la situation des sinistrés, et de se rendre compte elles-mêmes de cette situation : charges de famille, enfants, chômage, maladie du père ou de la mère, etc.

Des centaines d'enquêtes sont faites dans les rues accessibles, et les distributions de vêtements, linge, chaussures, bons de pain, viande, pommes de terre et charbon continuent, pendant que les secours affluent de tous côtés, notamment du Comité Central, des Comités d'Etampes, Sceaux, Arcueil-Cachan, de Mᵐᵉ VÉNÈQUE et de Mᵐᵉ COUTANT.

Dès le début de la distribution des secours, nous avons pensé, et nous nous sommes rencontrés d'idée avec M. Paul STRAUSS, que toute société, collectivité ou particulier qui distribuait des secours, devait consulter les registres tenus à cet effet par la municipalité. A Ivry, sous l'habile direction de M. BOURDEAU, industriel, un registre avait été ouvert pour les distributions de lits et literie, un deuxième, pour les vêtements, linge, etc.

Ces registres portaient le nom des familles secourues soit par la ville, soit par de ROTHSCHILD, soit par d'autres, avec tous les renseignements nécessaires : adresse provisoire, adresse de sinistré, nombre d'enfants, charges, nature exacte des secours déjà fournis, etc.

Nous portions à la Mairie nos listes prêtes pour une distribution ; nous contrôlions et laissions un double de cette liste vérifiée, à la mairie, qui portait ensuite sur son registre les sinistrés secourus par nous. De telle sorte qu'il ne pouvait y avoir double emploi.

La Municipalité ne donnant pas de meubles, nous avons néanmoins laissé à la Mairie la liste des personnes auxquelles le Comité donnait des meubles : armoires, buffets, chaises, tables — le tout confortable et pouvant être pour les sinistrés d'une utilité prolongée.

La question de recourir aux commerçants locaux pour les achats fut examinée. Sur nos indications, on s'adressa à la plupart d'entre eux, qui fournirent des meubles et de la lingerie. On dut aussi recourir, pour agir plus vite, à des magasins de Paris. En général les fournitures furent satisfaisantes et appréciées des sinistrés.

Nous nous apercevons bientôt que les distributions publiques de bons, de vêtements et d'effets donnent lieu à des abus. Il est très difficile d'établir l'identité des personnes qui se présentent, et on remarque qu'il en vient de tous les étages et de tous les quartiers, puis que les réclamations ne cessent point du matin au soir.

Le 23, on décide de les supprimer et de s'organiser de la façon suivante : ces dames feront leurs enquêtes dans le secteur qui leur a déjà été assigné. Deux d'entre elles sont affectées à chacun des trois secteurs. On se partagera les effets et chacune d'elles les distribuera à bon escient aux véritables sinistrés nécessiteux, enquêtés par elles dans leur secteur. Elles distribueront également des bons, chacune dans leur région.

Le Comité Central, après un premier versement de 3.000 francs, nous donnant successivement 5.000, 4.000, 6.000, puis 2.000 francs, les enquêtes pour distribution de meubles et de lits se poursuivent avec activité par ces dames. Quelques-unes trouvent que l'on ne va pas assez vite, mais nous leur faisons remarquer que plus de la moitié des logements ne sont pas réintégrés, que les rues Denis-Papin, Ernest-Renan, de la Révolution, Franklin sont encore inondées, que la misère sera grande encore bien longtemps, qu'il faut agir sans cesse, sans ménager les ressources, mais non plus sans les gaspiller et les distribuer mal à propos, qu'il faut secourir et manifester notre action jusqu'au dernier moment.

La Maison SINGER, sur la demande de Mme COURGEY, consent à réparer, à des conditions particulières, les machines à coudre sinistrées. Notre Comité prend à sa charge la réparation d'une vingtaine de machines.

4e Étape. — Le 1er mars, nous quittons le Cercle de l'Union après 20 jours de séjour, et les réunions se font chez Mme COURGEY. Les enquêtes deviennent plus difficiles. Certains sinistrés dissimulent les lits qu'ils ont reçus de sociétés ou de particuliers qui n'ont pas consulté le registre central de la mairie et qui agissent pour leur propre compte ; ils assistent à toutes les distributions qui se font de tous côtés, se dénoncent les uns les autres et ne se font point faute d'exploiter la situation. Nous redoublons d'attention.

Le 4 mars, Mme l'A^le JAURÈS nous fait l'honneur de rendre visite au Comité et se rend compte de nos travaux.

Le 15 mars, ces dames agitent la question de l'ouverture d'un ouvroir au siège social. Elles ne décident rien ou plutôt restent dans le *statu quo*, mais les distributions de mobilier continuent et ne sont pas encore terminées à la date de ce jour (1er juin).

Disons honneur et merci aux Dames Françaises du Comité d'Ivry qui se sont dévouées, malgré la fatigue et parfois la maladie, depuis le 23 janvier, sans relâche, sans faiblesse, sans esprit de parti, sans distinction de religion et qui, oubliant tout, se sont penchées, le cœur gonflé de pitié, sur les malheurs qu'elles soulageaient. Elles n'ont point craint de s'approcher des misères, et ont ainsi composé un livre d'or unique, formé des marques de gratitude de milliers de secourus, et d'une multitude de lettres de reconnaissance touchantes, émouvantes même, dans lesquelles les sinistrés ne dissimulent ni leur joie, ni leur cœur.

RÉCAPITULATION.

Recettes (y compris 3.000 francs versés par le Comité central, le 31 mai) . . . . 27.057 fr. 85

Dépenses. — Les dépenses faites pour secours en argent aux inondés, achats de vivres, vêtements, lingerie, literie, reconstitution ou réparation de mobiliers, réparations de machines à coudre, etc., se sont élevées à 27.057 fr. 85 (y compris le solde des dépenses engagées).

Les dons en nature offerts au Comité d'Ivry par le Comité Central et un grand nombre de personnes généreuses pour être distribués aux sinistrés représentent une valeur considérable, mais qu'il est impossible de chiffrer, vu leur quantité et leur variété.

Il a été donné au service du Dispensaire : 3.000 petits déjeuners, 400 pansements, 800 bons de viande, pain ou charbon, 400 litres de lait Maggi, 106 bouteilles de lait stérilisé.

Il a été livré 115 lits, 210 armoires, 33 tables, 165 buffets, 104 chaises, 2 commodes : 629 objets. Réparé beaucoup de machines à coudre.

Il a été distribué, tant en distribution publique qu'à domicile, 2.838 objets d'habillement et lingerie, chaussures (345 paires) pour hommes, femmes et enfants.

Les distributions de secours et de mobilier continuent (1er juin).

Levallois-Perret. — *Compte-rendu présenté par* Mme BÉJOT, *présidente.*

Reçu en argent du Comité central	13.000 fr. »»
Dons divers	1.497 55
Total des recettes.	14.497 fr. 55

Refuge	497 fr. 90
Fourneau	1.158 40
Vêtements	1.402 15
Loyers	451 05
Mobiliers	7.036 55
Réparations mobiliers	1.290 »»
Secours argent	1.213 50
Frais généraux (affiches, correspondances, etc.)	155 »»
Total des dépenses.	13.204 fr. 55

Extrait du procès-verbal, lu en la séance du 1er mars,
par Mme NETHER, *vice-présidente, secrétaire.*

A peine le sinistre avait-il éclaté à Levallois, que Mme BÉJOT, présidente, allait spontanément mettre 500 francs à la disposition de la Municipalité pour secourir les sinistrés, en même temps qu'elle demandait les instructions du Comité central, qui l'autorisait aussitôt à installer refuge, fourneau, vestiaire.

Mme BÉJOT renouvela ses offres de service à M. le Maire, qui mit à sa disposition ses préaux d'école de la rue Marjolin.

Mme BEAUVAIS, avec son activité intelligente, son dévouement, son courage, malgré les difficultés de transport que créait l'inondation, se chargea d'apporter le matériel nécessaire, prêté en partie par l'hôpital d'Auteuil et, en quelques heures, *100 lits* étaient prêts à recevoir les malheureux que l'on hospitalisait munis d'un bon délivré par la municipalité.

Du 29 janvier au 19 février, 80 à 100 personnes étaient nourries matin et soir de la façon la plus abondante, servies par un grand nombre de Dames, accourues pour prêter leur concours et qui, à tour de rôle, s'inscrivaient avec le plus grand zèle pour tous les services.

Lourde était la tâche de Mme LHÉRITIER, notre trésorière, qui pourvoyait chaque matin aux provisions nécessaires à l'alimentation du fourneau ; de Mme BINET, sous-directrice de l'Ouvroir, qui avait installé un vestiaire avec un ordre parfait, et, depuis le matin jusqu'à sa fermeture, distribuait des secours en vêtements, linge, chaussures, etc., débordée souvent par les exigeances de ses clients !

Heureusement, là encore, Mmes BEAUVAIS, BIDAULT, GALLISA, MANDART, M^{elles} DESJARDINS, etc., la secondaient dans sa distribution.

Le refuge et le fourneau ont fonctionné 22 jours, nous avons eu pendant ce laps de temps 104 hospitalisés, 1.064 couchages, 2.840 repas, qui ont coûté la somme de 2.604 fr. 80, 296 familles ont été secourues au dehors. Il leur a été distribué 2.865 objets en vêtements, linge, chaussures, etc.

L'appel fait à la Charité Levalloisienne a été entendu, des dons en argent, en nature, en denrées de toutes sortes ont été apportés dans un élan généreux : un riche américain offre le pain dépensé pour tous les sinistrés. Une petite fille de nos hospitalisés CHASLEAU est momentanément recueillie par Mme CHESSELET, 36, rue de Dunkerque, à Paris. Elle écrit à ses parents tous les soins dont elle est entourée, les gâteries dont elle est comblée.

Les marins ont reçu chaque matin 5 litres de vin pendant leur séjour.

Les Dames Françaises ont fourni à la Mairie le couchage de 25 soldats.

A l'initiative de M. LHÉRITIER, notre trésorier, les soldats, le jour de leur départ de Levallois ont tous reçu une distribution de cigares et une ration de rhum.

Le 8 février, Mme E. CARNOT est venue visiter le Refuge. Elle s'était fait précéder d'un envoi de mille francs de linge ; avec la plus grande aménité et un vif intérêt, elle a visité nos dortoirs, notre réfectoire, notre vestiaire et adressé à Mme BÉJOT les compliments les plus mérités sur l'organisation de nos différents services.

M. le Maire, un membre de la Commission d'hygiène et plusieurs Conseillers municipaux sont venus également ce même jour et ont exprimé leur satisfaction en constatant le bon ordre de notre Refuge.

La tâche des Dames Françaises a été adoucie par le concours

précieux que nous ont prêté M. DESVIGNES, directeur de l'école et Mᵐᵉ DESVIGNES. Très tard dans la nuit M. DESVIGNES veillait sur nos hospitalisés, pointait leur entrée et leur sortie au lever, au coucher, au réfectoire. Mᵐᵉ DESVIGNES aidait au service du réfectoire et se chargeait souvent de la permanence aux heures les plus gênantes.

Mˡˡᵉ PANNIER (de l'école maternelle) assumait la responsabilité du couvert, de la cuisine préparée par les femmes de service de l'école, servait les pauvres et par sa générosité personnelle et journalière ajoutait à leur bien-être, n'oubliant jamais le goûter des enfants.

M. le Dʳ DELAGE venait chaque jour visiter le Refuge ; plusieurs hospitalisés ont été malades, Mᵐᵉ BEAUVAIS, qui s'est multipliée à tous les services, était encore là pour administrer les médicaments, panser les plaies.

M. André ANTOINE a préparé matin et soir les rations de vin pendant toute la durée du fonctionnement du Refuge.

Citer le nom de toutes les Dames qui se sont associées à nos travaux, à nos fatigues, est difficile, car elles ont été nombreuses et toutes ont montré un dévouement infatigable, donnant par leur bonne grâce un prix inestimable à leur charité. Pourtant nous devons une mention spéciale à Mᵐᵉ BIDAULT, qui a toujours été présente et aux heures du matin les plus pénibles, puisqu'elle gardait la permanence aux heures des déjeuners ; à Mᵐᵉ LAMOUREUX, femme du Maire de Levallois, qui est venue sans interruption servir les repas et se prêter à tous les services avec une aménité très grande, se rendant sympathique à tous ; à Mᵐᵉ MANDART, qui a consacré toutes ses heures de liberté à notre Refuge ; à Mᵐᵉ DUFOUR, vice-présidente qui, malade, est accourue dès le premier jour, se dépensant sans compter et s'exposant à une rechute.

Nous terminerons l'énumération des dévouements en parlant de Mᵐᵉ BÉJOT, notre présidente, sinistrée elle aussi, forcée de quitter son pavillon et de se réfugier chez une amie. Elle a eu le courage d'abandonner ses intérêts personnels, d'oublier ses inquiétudes, ses angoisses pour se consacrer toute à l'administration du Refuge le matin, le soir, toujours vaillante, toujours à son poste de dévouement.

Et maintenant que la tourmente est apaisée, on peut avec orgueil dire que les Dames Françaises ont fait leur devoir dans toute l'acception du mot et rendu de grands services à la ville. Si elles ont fait des ingrats parmi ceux qu'elles ont secourus, elles ont reçu de plusieurs familles hospitalisées les lettres les plus touchantes de remercîments et de reconnaissance, qui sont un réconfort et une récompense. Elles continueront à répandre leurs bienfaits.

A peine les portes du Refuge étaient-elles fermées que Mmes Béjot, Dufour, Beauvais et plusieurs Dames se sont imposé la fatigue des enquêtes à domicile, afin de secourir les familles sinistrées dans leur foyer, leur mobilier détruit ou détérioré par l'inondation.

A ce procès-verbal, Mme Béjot, présidente, ajoute :

Dans ce procès-verbal où tous les dévouements ont été si généreusement mis en lumière, un seul est resté dans l'ombre, celui de notre vice-présidente *secrétaire*, Mme Nether ; il m'appartient, à moi présidente et son amie, de lui rendre l'hommage reconnaissant qui lui est dû, je le fais de tout cœur.

D'une santé délicate et malgré les plus mauvais temps, Mme Nether se trouvait à son poste chaque jour, assurant le service des écritures et de la comptabilité avec un ordre et une méthode parfaite.

Relevé des secours donnés aux sinistrés à la date du 28 avril 1910.

Du 29 janvier au 19 février il a été distribué au Refuge de la rue Marjolin : 2.840 repas ; 1.064 couchages ; 2.885 objets (linge, vêtements et chaussures) ont été donnés à 312 familles.

Après la fermeture du Refuge, 276 familles ont reçu des objets mobiliers divers, les mobiliers réparables l'ont été par les soins de l'Association. En certains cas des secours d'argent ont été donnés.

L'Isle-Adam-Parmain. — *Rapport présenté par* Mme Desfossés, *présidente.*

Don de la Mairie	500 fr. » »
Souscriptions particulières	1.455 » »
Don personnel de Mme Desfossés	800 » »

A l'aide de la somme de 500 francs offerte par la Mairie de l'Isle-Adam à Mme la Présidente, pour en faire le meilleur usage au profit des sinistrés, 7 familles d'Alfortville signalées par le Maire, ont été pourvues de vêtements, de linge, d'objets de couchage et de ménage, pour une dépense de 898 francs, le surplus de la dépense ayant été parfait par Mme la Présidente personnellement.

D'autre part, Mme WALLOIS, avec le concours et sous le patronage de Mme DESFOSSÉS, a distribué de nombreux dons en nature, les uns achetés pour une somme de 1.052 francs, les autres offerts par de généreux donateurs. Quelques dons en espèces aux familles les plus nécessiteuses.

1.000 à 1.200 kilos de vêtements usagés pour hommes, femmes et enfants ont été distribués dans les communes ci-après successivement visitées : Issy-les-Moulineaux, Gennevilliers, Puteaux, Colombes, Choisy-le-Roi, Alfortville, Ivry.

Mme DESFOSSÉS a été également secondée par la très active et très dévouée Mme PITET, qui s'est particulièrement attachée à visiter Gennevilliers et les localités voisines, dans les conditions les plus pénibles. (Voir compte-rendu de Mme PITET) à la suite du Comité de Gennevilliers.

Longjumeau. — Reçu du Comité Central . . . 1.000 fr. »»
Dons particuliers . . . . 300 »»

En *espèces*, le Comité a donné aux Municipalités de Longjumeau, 250 francs ; Juvisy, 200 francs ; Athis, 200 francs ; Ablon, 100 francs ; Viry-Châtillon, 100 francs ; Villeneuve-le-Roi, 100 francs ; ce qui fait un total de 950 francs.

En outre, le Comité a déboursé 493 fr. 10 pour achat de chaussures, couvertures, bas, costumes d'hommes et de garçonnets, chemises d'hommes et de femmes, et en outre 125 mètres de tissus qui ont été transformés par les Dames de l'Ouvroir en robes de femmes, robes d'enfants, jupons, tabliers, brassières. De plus, il a été donné par les Dames du Comité un grand nombre d'objets.

En résumé, 383 objets distribués (vêtements pour hommes, femmes et enfants, linge) plus une centaine de couches, etc.

Dépense faite : 1.443 fr. 10.

Luzarches. — Le Comité a expédié, pour les inondés, 249 pièces de linge neuf provenant tant de sa réserve que d'achats effectués à l'aide de ses deniers et d'une somme de 42 francs provenant de dons à lui faits.

Il a également expédié 443 pièces de linge et vêtements usagés qui lui ont été remis à la suite de l'appel adressé par lui aux habitants de la région.

Ces envois ont été faits au Comité Central et au Refuge installé à l'Imprimerie nationale.

Maule. — Les dons en nature faits par le Comité comprennent 233 effets d'habillement et de lingerie, pour hommes, femmes et enfants.

3 paquets de ces effets ont été portés à Paris, à l'Hôpital de l'Association, rue Michel-Ange, et au siège social, rue Gaillon.

D'autres ont été donnés pour habiller entièrement une petite sinistrée des Mureaux, hospitalisée à Maule, aînée de 4 enfants et dénuée de tout. Cette enfant âgée de 8 ans 1/2.

Du linge et des habits ont été également donnés à une femme ainsi qu'à 4 enfants habitant à Asnières, qui ont été hospitalisés à Maule, du 21 février au 13 mars.

Mme DELACROIX, vice-présidente, était allée chercher ces cinq sinistrés à Asnières, au patronage Sainte-Geneviève; Mme CURRAL, du Comité d'Asnières est venue les reprendre le dimanche 13 mars.

Le coût des dépenses faites par le Comité de Maule, tant pour l'achat du linge que pour l'hospitalisation qui a eu lieu chez les Sœurs de Saint-Vincent-de-Paul, s'est élevé à la somme de 329 francs. Les dons faits par les habitants se sont élevés à 71 francs.

Melun. — *Rapport présenté par* Mme Gabriel FERRIER, *Présidente.*

RECETTES : Reçu du Comité central . . . . . . 5.000 fr. »»
Fonds du Comité . . . . 1.000 »»
Dons particuliers . . . . 260 fr. »»

Total des Recettes. . . . . 6.260 fr. »»

Dès le 27 janvier, le Comité de Melun remettait une somme de 500 francs à M. le Maire de Melun pour secourir les inondés de la première heure. D'autre part, les Dames du Comité parcouraient les quartiers inondés et remettaient aux sinistrés, après une enquête sommaire, les secours en argent, des bons de pain, de viande, de chauffage, d'épicerie, etc., etc. ; elles distribuaient en outre des effets d'habillement, des chaussures et des objets de literie.

Après avoir secouru les sinistrés de Melun, cinq dames du Comité se rendaient à Nemours, à Saint-Mammès et à Montereau et portaient aux sinistrés de ces localités des secours en argent et en nature ; elles ont aussi soulagé des misères les plus urgentes avec les ressources mises à leur disposition par le Comité central de l'Association, par le Comité local de Melun et par les dons qui ont été offerts à ce dernier Comité.

Recettes	6.260 fr.	»»
Dépenses. — *Secours en argent* : Au Maire de Melun . . .	500	»»
A 41 sinistrés	965	»»
Aux sinistrés du Mée	500	»»
Au Maire de Nemours	1.000	»»
Aux sinistrés de Mouy	200	»»
Frais généraux	66	50
Total	3.231 fr.	50
Secours en nature (vivres, chauffage, habillement, chaussures, literie), distribués dans les communes de Nemours, Saint-Mammès, Montereau	3.028	50
Total des dépenses égal aux Recettes. . .	6.260 fr.	»»

Montmorency. — Dans le Refuge établi par le Comité, où les sinistrés n'ont pas habité, les Dames Françaises ont reçu et vêtu 58 ouvriers inondés : de l'usine de Gennevilliers, d'Ivry-Port, d'Argenteuil, de Rueil, d'Alfortville, de Bry. Ces ouvriers partaient du poste de secours, emportant un trousseau d'effets neufs pour eux, leur femme, leurs enfants, et de plus une pièce de monnaie pour le voyage.

Sollicitées par les Maires des communes sinistrées, encouragées par M. Duvernoy, sous-préfet, à étendre leurs secours, les Dames Françaises ont visité 9 communes : Ile Saint-Denis, Asnières, Gennevilliers, Enghien, Saint-Ouen, Neuilly-Plaisance, Gournay, Neuilly-sur-Marne, Cergy-sur-Oise ; elles ont déposé dans les mairies des objets qui comprenaient depuis la couverture ouatée, les chaussures, les vêtements pour hommes, femmes et enfants, le linge idem, jusqu'aux draps et serviettes, et qui forment un total de 1.072 objets neufs.

Les dons reçus ont été : pour quelques habitants de Montmorency

304 francs ; Montmagny 30 francs ; Ermont, Andilly, Enghien 82 francs ; Groslay, commune et municipalité 1.072 fr. 05 ; commune et municipalité de Deuil, Labarre 1.553 francs ; ce qui fait un total de 3.041 fr. 05.

Les lettres de remerciements, de profonde reconnaissance envoyées par les Maires, et les ouvriers sont innombrables. En voici deux :

Mairie de Gournay-sur-Marne, 23 février 1910.

Madame la Présidente des Dames Françaises,

Je vous suis extrêmement reconnaissant de votre empressement à venir en aide aux inondés nécessiteux de ma commune.

Grâce à la générosité de votre honorable Association, nous pouvons réconforter les familles dignes d'intérêt. Je vous présente, Madame la Présidente, mes biens vifs remerciements pour les 173 objets que vous avez bien voulu mettre à ma disposition, se composant de literie, linge, habillements variés et chaussures ; ils seront distribués par la Commission nommée à cet effet. Les enfants de l'école communale se souviendront de votre visite, et de la distribution de bonbons que vous leur avez offerts si gracieusement.

Je vous prie d'agréer, Madame la Présidente, mes très respectueux hommages.

Le Maire : E. PÉCHEUX.

Mairie de l'Ile Saint-Denis, 12 mars 1910.

Madame la Présidente des Dames Françaises. — Comité de Montmorency.

Madame,

J'ai l'honneur de vous remercier bien vivement des 343 vêtements et objets que vous m'avez apportés pour nos malheureux sinistrés.

Ils ont été d'une bien grande utilité en cette commune où tous les habitants ont souffert des inondations.

Veuillez agréer, Madame la Présidente, avec ma reconnaissance, mes salutations les plus empressées.

Le Maire : Aug. DENOUYS.

Dans toutes les communes, M⠀ᵐᵉ PONSIN, présidente, est allée elle-même porter les secours, et partout les Dames Françaises ont été accueillies avec une considération émue et touchante, plusieurs avec enthousiasme.

Grand-Montrouge. — Reçu du Comité Central   1.000 fr. »»
L'emploi en a été fait comme suit :

Achat d'environ 200 effets d'habillement et de linge et
chaussures . . . . 850 fr. »»
Achat de 2 lits complets. . . . . 150 »»

Total égal. . . . . . 1.000 fr. »»

Environ 300 autres effets d'habillement et de linge et chaussures également
de première nécessité, ainsi qu'un millier d'objets de toutes sortes, le tout
mis à la disposition du Comité de Montrouge par le Comité Central, les
Dames du Comité de Montrouge ainsi que par la population de la Ville.

Ces dons ont été distribués par les soins du Comité local à plus de 200 victimes des inondations réfugiées à Montrouge et venant des localités ci-après :
Paris (15e arrondissement), Alfortville, Charenton, Choisy-le-Roi, Clichy,
Issy, Ivry, Levallois-Perret, Maisons-Alfort, Saint-Maur-des-Fossés, Villeneuve-le-Roi, Vitry.

Nanterre. — *Rapport présenté par* Mme Foix, *Présidente.*

Reçu du Comité central (en quatre versements) . 6.000 fr. »»
Dons particuliers . . . . 110 »»»

Total. . . . . . . 6.110 fr. »»

Dépenses. — Versement à la Mairie de Nanterre (souscription). 500 fr. »»
Versement à M. le Curé de Nanterre pour nourriture aux
Sinistrés, par les soins des sœurs de Saint-Vincent . . . 300 »»
Facture Samaritaine, bas, maillots et chemises à l'usage
des Sinistrés. 171 90
Voiture et pourboire. (Transport des marchandises ci-dessus). 4 50
Versement (2me), à M. le Curé de Nanterre . . . . . 300 »»
Facture Samaritaine, bas et chemises . . . . 147 »»
Frais de voiture. 2 85
Facture Peythieu (30 paires sabots et galoches) 59 50
Facture Samaritaine, chemises et bas 38 20
Facture Dufayel (mobilier) 1.463 80
Pourboire livraison Dufayel . . . . 5 »»
Facture Dufayel (mobilier) 2.459 40
— — 207 70
— — 417 65
Pourboires divers, livraison . . . . 9 »»
Facture Lefèvre :
Réparation d'un sommier . . . . . . 15 »» ⎫
— bois de lit. . . . . . 3 50 ⎬ 23 50
Façon de 2 matelas. . . . . 5 »» ⎭

Total égal. . . . . . 6.110 fr. »»

La plaine de Nanterre n'étant habitée que par une population d'ouvriers ayant eux-mêmes construit leurs petites bicoques, on a été obligé, dès les premiers jours de l'inondation, de les faire déménager de suite et de les loger un peu partout.

La Municipalité, qui s'est occupée de ces logements provisoires d'une façon exemplaire, et M. l'Abbé MEURET, curé de Nanterre, qui, lui, a nourri tous les sinistrés jusqu'au 1er mars, ont amené le Comité à venir au secours des sinistrés sous une autre forme.

Le 28 février, aidée de M. DEMERLÉ, trésorier du Comité, j'ai déposé dans les mains de M. CHARDON, Maire, la somme de 500 francs, pour la souscription ouverte parmi les habitants de la commune, puis nous avons donné à M. le Curé pour la nourriture des sinistrés, 600 francs en deux versements différents ; le fourneau ayant été établi chez les sœurs de Saint-Vincent-de-Paul, j'y ai fait faire la distribution des vêtements envoyés à deux reprises par le Comité central. Puis aidée par Mme MIGNOT, Directrice de l'Ouvroir du Comité, je suis allée acheter à Paris le linge de femmes, enfants (filles et garçons), 180 chemises, 95 paires de bas, femmes et enfants, 20 maillots, 30 paires de sabots et galoches. Le Comité central avait envoyé un lot de souliers napolitains neufs qui ont fait le bonheur de ceux qui ont pu en avoir.

Puis, le Comité a ouvert ses armoires ; il y a été pris 60 chemises de flanelle coton, 18 caleçons, 6 douzaines de paires de chaussettes. Le tout a été distribué au nom de l'Association et les sinistrés secourus nous ont tous bien remerciés pour le bien qu'on leur faisait.

Après avis du Comité central, je suis allée, aidée de Mme DEMERLÉ, dame conseillère, acheter à Paris des mobiliers nécessaires ; puis, quand les sinistrés ont pu reprendre possession de leurs pauvres maisons — après désinfection faite par ordre de la Mairie et le Maire ayant donné à chacun sur la souscription municipale un petit dédommagement en argent pour toutes les pertes subies — nous avons procédé, Mmes DURAND, MIGNOT et moi, aux distributions de mobilier, qui n'ont été faites que les dimanches, afin de ne pas faire perdre de temps aux maris qui travaillent la semaine.

Nous avons distribué 50 lits de fer complets, lits de deux personnes, d'une seule, d'enfant ; sommiers, matelas, draps, couvertures, traversins ; 10 armoires, 9 buffets, 16 tables, 64 chaises, 16 séries de batterie de cuisine, 1 voiture d'enfant, plus un lot de vaisselle offert par la maison Dufayel; nous avons ainsi soulagé une quarantaine de familles.

Nous avons eu relativement peu de sinistrés (chiffre officiel : 93 familles), mais c'était surtout une population pauvre, vivant au jour le jour de son travail. Ces Dames se sont surtout préoccupées de soulager les familles nombreuses (avec 5, 6, 7 et 8 enfants) et des vieillards. Nous sommes heureuses de pouvoir dire que chacune des familles secourues par le Comité s'est montrée reconnaissante de l'aide qu'on lui a apportée : tous ont signé avec plaisir la liste des objets donnés, et rien n'amusait plus les passants, que de regarder cette file de voitures à bras, même voitures à cheval, venant chercher du mobilier.

Neuilly-sur-Seine. — Dons reçus en argent . . 5.993 fr. »»

Secours organisés. — Refuge avec hospitalisation complète, soins et pansements, par un docteur et les ambulancières du Comité; Fourneau ; 4.000 objets d'habillement ; 40 matelas et 40 couvertures neufs. Le mobilier est donné d'accord avec la municipalité après enquêtes, sur les fonds de la presse remis en commun.

L'Ouvroir. — L'Ouvroir a confectionné 357 objets d'habillement et de linge. Il a été ouvert en permanence pendant 3 semaines, du 26 janvier au 17 février.

La Municipalité a facilité l'installation du Refuge dans le préau de l'école, rue des Huissiers, 20 et a mis à notre disposition tout le matériel de la cantine scolaire ainsi que la cuisinière. Elle nous a en outre autorisés à prendre les denrées aux mêmes conditions que pour la cantine scolaire.

Dons reçus en nature. — Environ 1.500 effets d'habillement ou de linge, viande, légumes, lait, fromage, confitures, etc.

Le nombre des sinistrés hospitalisés a été de 47 : 11 hommes, 18 femmes, 11 enfants, 7 malades.

Le fourneau a fonctionné à l'aide de vivres et de denrées achetés en grande partie.

Mme la Desse DE VENDÔME a donné 150 kilos de viande et 200 kilos de pommes de terre ; divers commerçants ont fait don de charcuterie, lait, fromage, confiture ; 53 hospitalisés nourris par jour.

Distribution de vêtements, linge, chaussures, draps de lit, matelas et couvertures neufs, lits. Environ 4.000 objets, dont 40 matelas et 40 couvertures neufs.

6

En résumé : *Recettes* . . . . 5.993 fr. »»

Dépenses : Refuge et fourneau, nourriture . . . . . 841 fr. »»
Vêtements . . . . 2.210 »»
Matelas et couvertures. . . . . 400 »»

                                 Total. . . . . . 3.451 fr. »»

Reliquat devant être employé en secours de loyer au moment
du terme . . . . 2.542 »»

                             Total égal. . . . . 5.993 fr. »»

Les secours ont cessé le 17 février 1910.

Nogent-sur-Marne. — *Rapport présenté par* Mlle Laporte, *présidente intérimaire.*

Reçu du Comité central. . . . . 18.000 fr. »»
Dons particuliers . . . . 2.801 »»

Le 26 janvier 1910, la Marne sortant de son lit monta en quelques heures de 2 mètres environ. Ce fut un désastre. Les habitants surpris en pleine nuit durent s'enfuir, abandonnant mobilier et linge.

Le nombre des gens sans asile, dénués de tout, fut innombrable.

M. Brisson, Maire de Nogent, fit appel au Comité de Nogent pour installer tout un matériel aux Ecoles, destiné à convertir en dortoirs des salles où les réfugiés seraient recueillis. L'*Association des Dames Françaises* mit à la disposition des autorités des draps, couvertures, brancards, boîte de secours, mais ne disposant pas sur le champ de lits et de matelas, ne put, à son immense regret, parer au plus pressé. Néanmoins, elle fit l'impossible, se munissant immédiatement de linge, vêtements, bons de secours qui furent distribués du matin au soir pendant plus de deux mois.

Le nombre des malades augmentant sans cesse, un appel fut fait au Comité de Nogent et la prière lui fut adressée d'organiser un hôpital.

Disposant d'un matériel déjà considérable prévu en cas de guerre, le Comité n'hésita pas et accepta l'offre de M. Vivier, Directeur d'une maison de santé, rue de Plaisance, n° 30, qui mettait gracieusement son établissement à la disposition des Dames Françaises.

Les promesses conditionnelles faites en vue d'un conflit armé furent réalisées. Les lits, matelas, draps, couvertures furent pris chez les adhérents, qui s'y prêtèrent de bonne grâce et, en 48 heures l'Hôpital des Dames Françaises était prêt à recevoir des malades, tandis qu'un service d'ambulanciers, sous la direction du D' WALTER, fonctionnait sur le champ.

Un pavillon isolé reçut des contagieux, tels que tuberculeux, ulcérés, etc. Le bâtiment central fut réservé aux malades non contagieux et aux enfants qui, sans asile, furent recueillis en certain nombre et soignés par nos jeunes filles.

Un service administratif fut composé sur le champ :

Mlle LAPORTE, *Présidente-administratrice ;* Mme ANQUETIL, *Vice-Présidente, Directrice de l'Hôpital ;* M. le D' WALTER, *Médecin de l'Hôpital ;* Mlle CHALMIN (Professeur de pansement) (M R.), *Directrice des Ambulancières ;* Mlles BOUCHÉ-LECLERCQ, BAUDRILLARD, SAILLARD, Marg. LAPORTE, *Ambulancières ;* M. LAPICIDA, *Secrétaire général ;* M. le Ct BAUDRILLARD, *Trésorier ; Pharmaciens :* MM. GUILLEMIN et CHÉNEGROS.

L'Hôpital des Dames Françaises ouvrit ses portes le *28 janvier.* Le jour même plusieurs malades y étaient amenés et pendant les jours suivants, de nombreux réfugiés y furent provisoirement recueillis. Licencié bientôt, l'hôpital ne reçut plus que des malades et, durant près de six semaines, on y soigna une moyenne de 25 à 30 malades par jour.

Les maladies traitées furent : la tuberculose, des ulcères, paralysie, rhumatismes articulaires, crises d'urémie, pleurésies, fluxions de poitrine, coqueluche, rhumes, bronchites, etc. Il y eut plusieurs morts.

Des femmes attendant des bébés furent hospitalisées sur la demande de M. BRISSON, Maire de Nogent, et, vu leur état particulier, installées à part. L'une d'elles fut conduite, après la fermeture de l'hôpital, chez une sage-femme où elle dût rester 17 jours.

Je tiens à appeler sérieusement l'attention du Comité central sur le dévouement du personnel ambulancier de l'Hôpital. Il fut au-dessus de tout éloge. Pendant près de six semaines, il fonctionna sans défaillance. M. le D' WALTER assuma à lui seul le service des consultations ; chaque matin, il passait près de 1 heure 1/2 auprès des malades, entouré des ambulancières, les initiant à leurs fonctions de garde-malades avec un tact, une intelligence et un sens pratique remarquables. Chaque cas était examiné, expliqué, commenté et nos jeunes filles sont devenues, grâce à lui, des ambulancières aptes à rendre en cas de guerre, tous les services qui leur incomberont. Elles termineront à l'hôpital d'Auteuil un stage exceptionnel et formeront une phalange d'ambulancières-majores dont leur Comité pourra se montrer fier.

Chaque matin, sous la direction de Mlle CHALMIN, pourvue depuis longtemps déjà de son diplôme d'ambulancière et leur professeur de pansement, elles nettoyaient les malades, prenaient leur température, analysant leurs urines, faisant la toilette des enfants (amenés pour la plupart remplis de vermine et de poux). La conduite de Mlle CHALMIN, leur directrice, a été tout simplement admirable. Elle se réserva les cas les plus graves, les plus malpropres, soignant les tuberculeux, ensevelissant les morts, et agissant avec une bonté, une adresse et une modestie qui lui valurent les sympathies de tous.

A côté du personnel ambulancier, deux élèves se multiplièrent : Mlles ANQUETIL et LEMERLE, et leurs 18 ans ne s'effrayèrent nullement des malheureux qui les entouraient. Elles aidèrent leurs aînées en dévouées et en vaillantes.

L'hôpital ferma complètement ses portes vers le 10 mars, ne pouvant supporter plus longtemps les charges écrasantes d'un établissement de ce genre et son personnel étant lui-même à bout de forces. Les malades furent transportés soit dans les hôpitaux, soit à leur domicile.

Ouvroir. — Tandis que fonctionnait l'hôpital, un Ouvroir était ouvert au siège social, 45, Grande-Rue, sous la direction de Mme JOURNEUX, directrice de la lingerie. Du matin au soir on y confectionnait vêtements et linge et on habillait les malheureux qui se présentaient. Des dames se multiplièrent pour aider la directrice, dont le dévouement ne se départit pas un seul instant. Je la signale à l'attention du Comité central qui voudra bien lire avec intérêt le rapport ci-après qu'elle lui a remis. L'ouvroir ferma ses portes dans le courant d'Avril, mais les distributions d'habits et de linge continuèrent.

Rapport présenté par Mme JOURNEUX, Directrice de la Lingerie, sur la distribution des vêtements. — Cette distribution a commencé le mercredi 3 février, à 6 heures du soir, au préau des écoles de garçons.

Les Dames Françaises avaient été, vers 3 heures, demander à quel moment elles pourraient rencontrer les hospitalisés qui étaient reconnus les plus malheureux, puisqu'ils n'avaient trouvé personne chez qui se réfugier. Jusqu'au 6 février il leur est distribué le linge et les vêtements indispensables ; mais à partir de ce jour nous cessons toute distribution, pour ne réserver ces dons qu'aux malades de l'hôpital qui a été organisé 30, rue de Plaisance. Il faut pour cet établissement une grande quantité de linge ; aussi, grâce à l'activité de personnes qui viennent en grand nombre travailler à l'Ouvoir, ou qui emportent de l'ouvrage chez elles, nous sommes en mesure de fournir à l'hôpital tout le linge nécessaire à son bon fonctionnement.

Ayant reçu de personnes généreuses de nombreux coupons d'étoffes, nous confectionnons des jupes, jupons, robes d'enfants, brassières, tabliers, etc., ce qui permet de donner à chaque malade, à sa sortie de l'hôpital, pour lui et sa famille qui est souvent nombreuse, une ample provision de linge et de vêtements neufs.

Le 20 février nous recommençons la distribution aux sinistrés, non seulement de Nogent, mais de Joinville, Saint-Maur, Le Perreux, Bry, Neuilly. En rentrant dans leur maison ils constatent avec désespoir les dégâts de l'inondation ; beaucoup ont perdu leur linge et de nombreux vêtements. Dans la mesure du possible, il leur est distribué ce dont ils ont le plus besoin, et ces pauvres gens s'en vont heureux des secours qu'ils ont reçus si généreusement.

Le total des pièces d'habillement, chaussures, lingerie, etc., envoyées à l'œuvre par les habitants du pays et distribuées par les soins des Dames Françaises aux sinistrés et aux malades de l'hôpital installé rue de Plaisance, nº 30, est de 1.760, se décomposant comme suit :

Vêtements et lingerie pour hommes.	513 pièces
» » pour femmes et enfants	1.247 »
Total égal.	1.760 pièces

Linge de maison distribué avec les mobiliers : 150 paires de draps, 73 douzaines de serviettes, 112 douzaines de serviettes, 200 taies d'oreillers, 150 couvertures.

Mobiliers. — Le Comité central ayant remis aux Comités de la banlieue des sommes importantes afin de remplacer les mobiliers disparus, anéantis par les eaux, le Comité de Nogent dut faire face à des besoins absolument au-dessus de ses moyens et enquêter dans un rayon énorme. Quelques enquêtes même furent faites à Alfort. Toutes les autres se concentrèrent sur Saint-Maur, Joinville, Nogent, Le Perreux, Bry-sur-Marne, Neuilly-sur-Marne, etc.

Durant des semaines, toutes les maisons sinistrées furent visitées. L'*Association des Dames Françaises*, qui se faisait connaître avantageusement et luttait victorieusement, dut faire face à des demandes tellement nombreuses qu'elle fut forcée de faire une sélection très méticuleuse dans l'attribution des objets mobiliers.

Les distributions mobilières eurent un tel succès, les Municipalités reconnurent tant de générosité, d'ordre, de sens pratique dans l'organisation de ces livraisons, qu'alors que le Comité de Nogent avait clos ses listes, il dut les rouvrir, ne pouvant faire différemment, devant les misères profondes qui lui furent signalées par les Maires eux-mêmes qui appuyaient chaleureusement les recommandations des inondés. Le Comité de Nogent, comptant lui-même sur la générosité du Comité central, alla jusqu'aux extrêmes limites des fonds qui lui étaient confiés.

Distribution mobilière.

JOINVILLE-LE-PONT. — Elle eut lieu le 10 avril, à deux heures précises, au préau des Ecoles, mis gracieusement à la disposition du Comité par M. VOISIN, Maire, qui présida lui-même, avec Mᵐᵉ VOISIN, à cette petite cérémonie. Il fut distribué, tant en mobilier qu'en linge, pour une somme de 1.981 fr. 65.

NOGENT-SUR-MARNE. — Elle se fit le même jour, à quatre heures, dans le local des Ecoles des Filles mis à la disposition du Comité par M. BRISSON, Maire. Il y fut distribué pour une somme de 2.000 francs.

LE PERREUX. — La distribution mobilière du Perreux eut lieu salle du Patronage, allée de Bellevue, le 17 avril, à deux heures. Il fut distribué pour une somme de 1.259 fr. 55.

BRY-SUR-MARNE. — Présidée par M. FERBER, Maire, entouré de ses Adjoints, la distribution fut faite les 20 et 27 avril, pour une somme de 3.106 fr. 85.

ALFORT, SAINT-MAUR, NEUILLY. — Il fut distribué pour une somme d'environ 1.000 francs.

RÉSUMÉ DES DONS ET DÉPENSES.

Reçu du Comité central	18.000 fr. »»
Reçu en dons.	2.801 »»
Total.	20.801 fr. »»

Dépenses. — Hôpital. . . . . 5.801 fr. »»
Mobiliers 9.336   65
Dons en argent, achat d'étoffes, vêtements, ouvrières,
  propagande, pourboires, voiture au mois pour enquêtes,
  timbres, achat de couvertures, draps, serviettes, mouchoirs, corvées, remplacement d'objets détériorés . . 4.263   35
Dépenses engagées à solder . . . . 1.400   »»

Total des Dépenses. . . . . 20.801 fr. »»

Le Comité a reçu de MM. les Maires de Nogent-sur-Marne et des communes sinistrées au secours desquelles il s'est porté, des lettres de remerciements émus qu'il gardera précieusement comme un honneur et une récompense.

Persan. — 1° Dons au Comité central : en espèces 400 francs, en nature 100 chemises d'hommes ; 50 draps. Le tout pris sur ses réserves.

2° *Dons particuliers* faits par Mmes CHARDIN, GAUTIER DE LA FOREST, R. CHARDIN, MANDARD, membres du Comité. 125 objets (de vêtements, linge et chaussures, pour hommes, femmes et enfants). Le tout neuf.

50 francs en espèces, de M. MANDARD.

Poissy. — Le Comité de Poissy a remis entre les mains de M. le Maire, une somme de 200 francs pour être distribuée aux sinistrés de la Ville.

Pontoise. — Doté d'un premier subside de 50 francs, pour les sinistrés de Pontoise et des environs, le Comité a ouvert une sou-scription et organisé un bal au profit des inondés. Le tout réuni a produit . . . . 1.260 fr. 95

Au cours du sinistre, le Comité a distribué des bons de pain, de viande, d'effets. de linge, chaus-sures, etc., etc., pour la somme de . . . . . . 346 fr. 95

Les inondations passées, les Dames du Comité sont allées se rendre compte elles-mêmes des dégâts chez les sinistrés ; il n'y avait que des réparations mobilières à effectuer. C'est à ce titre, que le Comité a distribué le reste de son argent, après enquête sé-rieuse, à 15 familles, soit 914   »»

Total égal. . . . . 1.260 fr. 95

Saint-Denis. — *Rapport présenté par* M. CASSEN, *président.*

Reçu du Comité central . . . . 15.000 fr. »»

Souscriptions particulières . . . . 875 »»

Lorsque, fin janvier, les inondations causèrent partout des désastres, le Comité central de Paris s'occupait de reconstituer le Comité de Saint-Denis. En attendant il chargea M. CASSEN des fonctions de Président de la Commission d'initiative, pour organiser les secours aux sinistrés de notre région et soulager au plus vite les familles éprouvées.

Le 29 janvier, M. CASSEN et Mᵐᵉ HENNEQUIN remettaient à M. le Maire de Saint-Denis une première somme de 1.000 francs, envoyée par le Comité central et, avec le concours des Dames proposées pour le nouveau Comité, organisa une première distribution de vêtements et de linge aux familles sinistrées qui étaient réfugiées un peu partout dans la Ville.

Cette distribution eut lieu le 1ᵉʳ février dans la salle de réunions, rue de la Légion d'Honneur, prêtée par la Municipalité.

Dans sa séance du 3 février le Comité central, à Paris, nommait le nouveau Comité définitif pour la section de Saint-Denis, et lui donnait mission de secourir aussitôt que possible les sinistrés de l'inondation.

M. CASSEN ayant été nommé par le Préfet de la Seine membre de la Commission des enquêtes pour les secours, s'est mis en rapport avec les municipalités de Saint-Denis, de l'Ile Saint-Denis et de Villeneuve-la-Garenne, obtint de celles-ci les listes des victimes, et fit procéder le 11 février à une deuxième distribution de linge, vêtements et chaussures.

Le Comité central avait fait un second envoi de 1.000 francs et des dons en vêtements et chaussures, et le Comité de Saint-Denis avait recueilli lui même parmi ses membres une certaine somme, et nombre d'objets nous avaient été remis pour joindre à notre distribution par Madame la Surintendante de la Légion d'Honneur, la Société des Visiteurs, etc., dont les noms sont indiqués au tableau des dons reçus en nature joint à ce Rapport.

Après la circulaire du Comité central et la réception des 13.000 francs qu'il nous faisait remettre à nouveau, nous organisâmes une nouvelle distribution d'objets mobiliers, mais pour que ceux-ci allassent à coup sûr aux sinistrés réels, nous décidâmes que des enquêtes à domicile seraient faites par le Comité, par groupe de deux Dames Françaises.

Ces enquêtes constituent une des parties les plus délicates de notre mission : en effet les quartiers les plus éprouvés de notre contrée étant des plus miséreux, nous nous trouvions avoir à distinguer entre les miséreux professionnels, ceux-ci au courant des demandes à faire, connaissant toutes les ruses pour les faire aboutir, et les autres, ceux-là humbles, craintifs, n'osant pas. Tous certainement étaient intéressants, mais notre rôle était de n'en oublier aucun, et notre devoir de ne pas donner aux uns au détriment des autres.

Nos groupes de Dames ont donc ainsi visité 166 familles représentant un nombre de 500 personnes environ. Chaque groupe s'est rendu par tous les temps dans ces quartiers de misère complète, visitant les cabanes debout encore ou effondrées, parlant à chacun, se rendant de cette façon un compte exact de la valeur des revendications exprimées et notant le nombre d'enfants de chacun.

Ceci fait, et les besoins de tous connus, notre Comité fit les achats nécessaires chez les commerçants de notre ville, qui ont eu la complaisance de nous faire des prix réduits, et nous, de notre côté, nous avons acheté chez eux de préférence, parce qu'ils sont nos Membres honoraires et qu'eux aussi ont été éprouvés à leur manière, par le manque d'affaires résultant de la misère que l'inondation a faite.

Les achats faits, nous dûmes, pour éviter tout désordre dans une distribution de cette importance, et devant le nombre de familles à soulager, préparer les lots destinés à chacun, les numéroter, prendre le détail des pièces, puis, pour qu'aucune méprise, aucune réclamation ne puissent se produire, nous décidâmes de faire livrer à nos frais les objets mobiliers accordés aux familles sinistrées.

Ainsi fut fait, et nos livreurs firent signer aux destinataires deux fiches détaillant l'envoi, l'une destinée au Comité central, l'autre aux archives de notre Comité.

Cette distribution eut lieu les 11, 12, 24 et 2. mars, et chaque famille fut avisée d'avoir à se tenir prête à recevoir nos camionneurs.

Les Messieurs se sont occupés des achats des lits et des meubles, les Dames, du linge et des vêtements.

Tous les membres du Comité étaient présents, chacun et chacune rivalisèrent de zèle pour ce laborieux travail. Tout se passa comme nous l'avions prévu sans aucun désordre, et l'Administration municipale de Saint-Denis, reconnaissante de nos efforts, et les trouvant à la hauteur de la mission à remplir, ne craignit pas de nous confier la distribution de tous les dons en nature qu'il lui restait à donner, convaincue, qu'elle était, qu'ils iraient à coup sûr à qui les donateurs les destinaient.

En résumé, nous avons, dans six distributions différentes, secouru 353 familles différentes, environ 1.400 membres. Le tableau statistique qui a été dressé, donne leurs noms, adresses, et un détail complet des dons reçus et de ceux distribués; en voici le résumé :

5.113 objets d'habillement (vêtements, linge, chaussures, etc.) pour hommes, femmes et enfants — 1.736 objets mobiliers (literie, draps, couvertures, ustensiles de cuisine, machines à coudre, etc.), soit un total de 6.849 objets, soit une moyenne de 20 objets par famille.

A notre ouvroir, nos sociétaires ont travaillé avec un zèle et un courage au-dessus de tout éloge, et le produit de leur travail, (corsages et robes d'enfant) ont apporté un appoint appréciable à la liste de nos dons.

Notre Municipalité, appréciant l'utilité de notre œuvre, nous a, non seulement soutenus, mais encore encouragés en faisant appel à nos services.

La Société des Visiteurs, dont M. LENTZ est Président et Mme LEVEN, Secrétaire, se sont aussi adressés à nous, confiants dans l'exactitude de nos enquêtes, et nous ont priés de distribuer les dons propres de leur Société.

Nous avons donc la conscience d'avoir rempli dignement la mission que notre Comité central n'avait pas craint de nous confier. Pour nous soutenir dans cette lourde tâche, la grandeur de l'œuvre d'humanité à laquelle nous collaborions était notre appui, et si la vue de tant de misères nous fut souvent pénible, nous avons comme récompense la certitude d'avoir soulagé, autant que cela nous était possible, toutes celles qui nous furent signalées, ou que nous pûmes découvrir.

Les seules réclamations ou demandes qui nous furent faites et qu'il ne nous était pas possible d'envisager, émanent de familles miséreuses, mais non sinistrées, ou d'autres atteintes par le chômage.

Le Bureau de Bienfaisance fonctionnant ainsi qu'une caisse de chômage à leur profit, nous avons dû, à notre regret, passer outre, notre mission étant limitée aux sinistrés directs de l'Inondation, par ordre du Comité central.

A la suite de ce résumé de notre action au moment du sinistre, il est de notre devoir de constater que l'œuvre de *l'Association des Dames Françaises* a été une des premières à soulager et que, grâce à la grande initiative que laisse le Comité central aux Comités locaux, aucune mesure administrative n'a retardé la distribution des secours, et bien des malheureux furent soulagés par notre Comité, alors qu'aucune mesure encore n'avait pu être prise en leur faveur.

Saint-Germain-en-Laye. — *Etat présenté par* Mme FAU-QUEUX, *Présidente.*

Recettes. — Versé par le Comité central . . . . . 7.000 fr. »»
   Souscription locale . . . . 2.250 »»
   Versement du Comité de Saint-Germain . . . 500 »»
          Total des Recettes. . . . . 10.305 fr. »»

Dépenses. — Vêtements, linge. . . . . 6.118 fr. »»
  Meubles et objets de literie (y compris 1.214 fr.
   de dépenses engagées) . . . . 4.187 »»
          Total des Dépenses. . . . . 10.305 fr. »»

Dons en nature (vêtements et produits alimentaires) faits par les habitants.

Distribution chaque jour au siège du Comité, de produits alimentaires, de vêtements et de lingerie (3.000 pièces environ).

La somme de 4.187 francs a été spécialement consacrée à la reconstitution des mobiliers, après enquête à domicile.

200 familles secourues à Carrières-s^s-Bois, au Pecq, à Port-Marly et Bougival.

Savigny-sur-Orge. — Reçu du Comité central. 14.000 fr. »»
Secours organisés. — Souscriptions particulières, 65 francs. Dispensaire : 18 lits, soigné 28 malades successifs ; Refuges : 25 lits dans l'un, 10 dans

l'autre : Total 35 ; Fourneau : 2.701 portions de pain, 1.071 de viande, 1.180 de légumes, 1.907 de lait ; Vêtements : 1.696 pièces de vêtements ; Mobilier : 59 reconstitués au gré des sinistrés ; Ouvroir : 16 layettes, 12 robes enfants, 60 chemises, femmes, hommes et enfants.

La Municipalité a fourni deux locaux. Elle a fait une quête pour couvrir les frais de nourriture des sinistrés hospitalisés dans les Refuges, soit pour 35 personnes.

Les habitants ont hospitalisé 22 enfants durant 1 mois. Au nombre de 130, ils ont fourni le matériel de couchage et plus de 500 pièces de linge, layettes et vêtements de rechange, et ont aidé le Comité à organiser le dortoir-refuge en lui prêtant lits-cage, matelas, draps, etc.

Dons reçus en nature. — 75 kilos légumes secs (Comité d'Étampes), 160 kilos de pommes de terre, 17 couvertures (Comité d'Étampes et dons particuliers), 12 paires de draps (Comité d'Étampes et dons particuliers), 175 bouteilles de vin de Bordeaux pour les malades du dispensaire, 696 pièces de lingerie et vêtements (dont 506 des habitants ; 160 du Comité central ; 30 du Comité d'Étampes) ; 191 litres de lait.

Nombre de sinistrés hospitalisés. — Hommes, 15 ; Femmes, 16 ; Enfants, 33 ; Malades, 28 au dispensaire. Total 92.

Nombre de sinistrés secourus. — 155 familles représentant 600 personnes.

Local mis à la disposition par Mme PAQUIN, pour le Dispensaire, par la Municipalité pour le Refuge, par la Directrice du Pensionnat pour les femmes et enfants.

Police assurée par le garde-champêtre.

Médecins. — MM. les Drs BARBET, BERNARD et COURBOULÈS.

Malades. — 28 dont 18 pendant 3 semaines et 8 pendant 12 jours (du 25 janvier au 13 février, du 9 au 21 février).

Maladies de l'appareil respiratoire et diarrhées (entérite). Une femme récemment opérée. Blessures légères.

La distribution des secours a commencé le jeudi 27 janvier, par des bons de pain, viande de bœuf, de mouton, du lard et des légumes secs, de charbon, de pharmacie, jusqu'au 23 mars ; 6.859 bons ont été ainsi distribués.

Concurremment et jusqu'à fin avril, il a été distribué, pour hommes, femmes et enfants, 1.700 pièces d'habillement, lingerie, chaussures, etc.

La reconstitution du mobilier (literie, couvertures, armoires, buffets, lessiveuses, réparations de machines à coudre, voiture d'enfant, etc.) a entraîné une dépense très importante, dans cette région particulièrement éprouvée. Le total des dépenses est de 14.045 fr. 75.

Sceaux Bourg-la-Reine. — Des dons en argent et en nature ont été portés par les Dames du Comité dans les localités les plus éprouvées par l'inondation.

Une somme de 1.000 francs a été distribuée, savoir :

Ivry (mairie)	200 fr. »»
Choisy-le-Roi (Comité)	200 »»
Issy-les-Moulineaux (Supérieure des Sœurs Saint-Thomas et mairie)	200 »»
Vitry (mairie)	200 »»
Ablon (mairie)	200 »»
Total.	1.000 fr. »»

Linge neuf distribué. — 124 objets (chemises, petites robes, draps).

Vêtements usagés. — Dans chacune des cinq localités citées il a été porté de de gros ballots de vêtements envoyés au Comité de Sceaux par les habitants.

Il a été donné à Juvisy 25 couvertures neuves livrées par le Bon Marché. Total 106 fr. 25.

Bons pour les inondés logés à Sceaux, pain, viande, épicerie, 90 francs.

Sèvres-Meudon-Bellevue-Saint-Cloud. — *Rapport présenté par* Mᵐᵉ JANSSEN, *Secrétaire générale.*

Reçu du Comité central	14.000 fr. »»
Souscription locale et quête	2.014 »»

Le 25 janvier 1910 l'eau envahissait brusquement la longue route de Vaugirard ; tous les habitants du Bas-Meudon, ouvriers ou petits commerçants, fuyaient précipitamment et remontaient vers les hauteurs de Bellevue, demandant asile, vêtements et nourriture.

Témoin de ce spectacle, je compris que notre Comité ne pouvait rester indifférent en présence d'une telle calamité. Je courus à la Mairie de Meudon, où je ne rencontrai pas les autorités ; je me rendis ensuite au Bas-Meudon, où je trouvai les portes d'une chapelle grandes ouvertes, les familles déjà installées tant bien que mal et M. le Curé de Bellevue préparant avec des femmes de service, le repas du soir.

Réquisition de 25 lits. — Je demandai à ce digne prêtre de nous associer avec lui et lui offris de réquisitionner les lits qui nous étaient promis par les habitants du pays en cas de guerre, par des démarches personnelles, ou par dépêches ; je réunis ainsi 25 lits complets avec literie, que je fis transporter dans ce dortoir improvisé.

Soupe populaire. — La Commission administrative de notre Comité fut convoquée et nous organisâmes avec Mᵐᵉˢ GINET et

SAUDINOS, une soupe populaire, faite et servie par nos dames à midi, dans le grand préau de l'école libre de la route des Gardes, mis obligeamment à notre disposition par M. le Curé de Bellevue et M. CATINOT, directeur de l'école.

Ce repas populaire, composé de viande, légumes, pain et vin, eut de suite un grand succès. Il fut servi à partir du 29 janvier, pendant 18 jours : 2.500 déjeuners à tous les sinistrés de la région, dont le nombre variait de 140 à 180. Le prix de revient de chaque repas ne dépassa pas 0 fr. 43 c. Nous avons pu obtenir ce beau résultat grâce au dévouement et à la capacité de Mme GINET qui, pendant toute cette période, se chargea entièrement des achats et de la préparation des plats faits chez elle avec l'aide de ses domestiques. C'est un plaisir pour moi de lui adresser ici, au nom de notre Comité, tous nos remercîments, ainsi qu'à Mme SAUDINOS, qui l'aida dans le service des repas, avec le concours de Mme BEER, et de Mlles TUPIN, Jeanne et Juliette THOMAS, WETZEL et Mariette PELEGRINELLI. C'était un touchant spectacle de voir ces gracieuses jeunes femmes, avec le tablier blanc à croix rouge, rivalisant de zèle et d'empressement, pour servir elles-mêmes de pauvres ouvriers, qui ne s'étaient jamais vus à pareille fête. Je m'empresse de remercier aussi M. CATINOT, pour la bonne grâce avec laquelle il a laissé envahir son école par les Dames Françaises et M. TRIPIER, voiturier, qui fit tous les jours nos transports à titre gracieux.

Dons de vêtements. — Dès les premiers jours nous distribuâmes à la soupe populaire toute la lingerie que nous avions en réserve pour notre hôpital auxiliaire : 50 chemises d'hommes, 50 gilets de flanelle, 50 caleçons, 60 paires de chaussettes, 50 mouchoirs. Nous achetâmes pour 200 francs de vêtements de femmes à deux petits commerçants du Bas-Meudon très éprouvés par l'inondation. La Présidente du Comité de Garches, dans un élan spontané et généreux, nous apportait, dès la première quinzaine de février, une voiture pleine de vêtements de toute nature. Le Comité central se montra particulièrement généreux envers nous et nous remit 25 couvertures de laine, 40 paires de chaussures, et plus de 200 pièces diverses : robes d'enfants, jupes de femmes, costumes de garçonnets, etc.

Tous ces vêtements furent distribués pendant plus de deux mois, deux fois la semaine au siège du Comité, 19, avenue du Château, à Bellevue. Enfin nous distribuâmes à notre dispensaire du Bas-Meudon 230 paires de chaussures excellentes et toutes neuves, sur la présentation de bons délivrés par les directeurs et directrices des écoles communales et des écoles libres. Avec l'autorisation du Comité central et par ses soins nous avons adressé à M. le Curé de Billancourt, qui nous en avait fait la demande, 150 objets de lingerie.

Dispensaire. — Pendant toute la durée des inondations, notre dispensaire, fondé au mois de décembre de l'année dernière, 5, route des Gardes, au Bas-Meudon, fonctionna trois fois la semaine sans interruption. Dans les mois de février et de mars nous avons eu 305 consultations et fait 378 pansements.

Je suis heureuse de remercier ici Mme SAUDINOS, dont le dévouement et l'énergie ne nous ont jamais fait défaut pendant ces moments difficiles, et qui trouva la force de mener de front le service de la soupe et celui du dispensaire. Sa modestie dût-elle en souffrir, il nous est impossible de ne pas nommer Sœur Eugénie, de l'ordre de Saint-Vincent de Paul, dont tout le monde connaît au dispensaire l'activité inlassable et la douce charité ; son concours est pour nous inappréciable et nous ne saurions trop remercier Mme la Supérieure de Bellevue de nous donner une telle auxiliaire.

L'évêque de Versailles, Mgr GIBIER, venu au Bas-Meudon pour apporter ses consolations aux populations sinistrées, nous fit l'honneur d'une visite au dispensaire ; Monseigneur daigna nous prodiguer ses félicitations, mais il n'en était pas besoin, sa présence seule fut pour nous un précieux encouragement.

Représentation dans les Mairies. — Je fus convoquée par M. le Maire de Meudon et M. le Maire de Sèvres pour assister aux réunions du Comité de distribution des secours. J'y assistai à Meudon accompagnée de Mme GINET, à Sèvres accompagnée de Mmes POIROT-DELPECH et LEDERMANN. Je me transportai aussi à la Mairie de Saint-Cloud pour offrir nos services à la Municipalité, mais cette région avait été presque entièrement épargnée. Je rendis visite à MM. les Curés d'Issy-les-Moulineaux et de Billancourt, régions dévastées par le fléau et je délivrai quelques bons sur la recommandation de ces Messieurs.

Bons. — Une souscription ouverte par notre Comité produisit, avec une quête à domicile faite obligeamment par M. Ch. VATTAIRE, la somme de 2.014 francs. Le Comité central me remit, en différents versements, l'importante somme de 14,000 francs, en nous confiant la mission de distribuer des bons de mobiliers et de vêtements. Afin d'éviter les abus, je délivrai moi-même les bons au siège du Comité, deux fois la semaine, pendant près de trois mois, ne recevant que les personnes qui se présentaient avec une lettre de recommandation des autorités locales, président du Bureau de Bienfaisance, directeurs d'école, etc. Nous avons délivré au nom de l'Association 76 bons pour le Bazar de l'Hôtel de Ville, variant de 40 à 150 francs. D'après les renseignements pris, ces bons donnaient droit à du mobilier, des vêtements et même des instruments de travail; 48 bons de pain de 20 à 40 francs; 34 bons de viande de 20 à 40 francs; 20 bons de charbon et 26 bons de natures diverses, au total 204 bons.

Qu'il me soit permis en terminant d'exprimer au Comité central ma reconnaissance et celle de mes collaboratrices pour l'honneur qu'il nous a fait en nous confiant la distribution de sommes aussi importantes et en nous procurant par là, la plus douce et la plus pure de toutes les joies : celle de donner.

Suresnes-Puteaux. — *Rapport de* Mme POUSSIN, *Présidente.*

Versé par le Comité central. . . . . 2,500 fr. »»

Souscription locale. — Dès le début de l'inondation, le Comité de Suresnes s'est mis à l'œuvre, pour apporter aux victimes de la localité atteintes par le désastre les secours les plus urgents et les plus nécessaires.

Le 24 janvier, sur la demande de la Présidente, le bureau décide d'ouvrir une souscription pour venir en aide aux sinistrés et, propose de verser immédiatement à la Mairie de Suresnes une somme de 100 francs pour être distribuée comme premiers secours aux sinistrés les plus nécessiteux. Une somme de 50 francs est également allouée à la ville de Puteaux, où l'Association possède un Sous-Comité.

D'autre part, estimant qu'en présence de la calamité qui frappe notre pays, nous devons, non seulement apporter notre appui financier, mais aussi donner de notre personne, et montrer ainsi notre existence, le Comité, sur la proposition de la Présidente, décide la création d'un fourneau. M. POUSSIN, notre pharmacien, fut aussitôt chargé de faire le nécessaire pour l'installation, le plus rapidement possible d'un baraquement dans un terrain mis gracieusement à notre disposition par son propriétaire, et admirablement situé au centre de la ville.

Deux jours plus tard, nous possédions un baraquement en toile muni d'un plancher, un poêle servant à la fois au chauffage du local et à la préparation des aliments ; une table, des bancs, des chaises complétaient l'ameublement ; l'éclairage était assuré par trois lampes à pétrole. Notre fourneau n'avait peut-être pas tout le confort désirable, cependant il fut suffisant pour nous permettre d'assurer pendant près de *quinze jours* la nourriture à plus de 350 sinistrés.

Pendant ce temps, nous avons, en effet, distribué à chaque repas environ 350 portions composées de soupe, pain, viande, (ragoût, rôti) légumes, lait pour les enfants ; nous avions également des nécessiteux qui prenaient leur repas au fourneau.

Afin d'éviter les abus, les secours n'étaient remis que sur le vu d'une carte personnelle délivrée au siège social par le secrétaire, sur présentation de pièce d'identité.

Nous devons reconnaître que notre tâche a été beaucoup facilitée par le concours que nous ont apporté plusieurs de nos membres, parmi lesquels nous citerons : Mmes DES TUREAUX, CHAPPET, CHAUDOIS, HAARIS, LÉCUYER, TATTEGRAIN, Mlle LOUYS. L'appui que nous avons rencontré dans notre Comité, nous l'avons également trouvé chez un grand nombre de commerçants de la localité, qui nous adressèrent des bons en nature (vin, pain, fromage, etc.)

Notre œuvre a reçu l'approbation générale des habitants de la ville. M. l'Abbé JOSSIER, curé de Suresnes, qui avait ouvert un Refuge, nous a adressé plusieurs personnes nécessiteuses.

Les inondations terminées, le Comité s'est préoccupé de procurer au plus grand nombre possible de sinistrés les vêtements, les chaussures, le linge, la literie qu'ils avaient perdus dans le sinistre.

A cet effet, la Présidente, accompagnée des Dames du Bureau, visita les familles nécessiteuses, afin de noter les objets les plus

nécessaires qui leur manquaient. La distribution se fit ensuite à notre siège social.

Grâce à la générosité du Comité central, qui nous adressa plusieurs envois de vêtements et d'objets de literie et aussi à une partie du produit de notre souscription qui fut consacrée à l'achat de chaussures, de linge, de vêtements, nous avons pu distribuer plus de 200 paires de chaussures, des vêtements pour hommes, des jupons, des corsages, de la layette, près de cinquante couvertures et paires de draps ; un industriel du département du Nord nous ayant adressé plusieurs pièces d'étoffe, nous avons fait confectionner des robes d'enfants.

Nous adressons à nouveau nos remerciements à Mme Gaston WORTH, notre présidente d'honneur, qui exprima le désir de venir présider une de nos distributions et nous adressa en même temps un don important qui permit au Comité de soulager un plus grand nombre de malheureux.

Le Sous-Comité de Puteaux, n'ayant pas le personnel nécessaire pour assurer le fonctionnement d'un fourneau, notre Comité décida, sur l'offre de Mme LEFÈVRE de nous prêter son local, d'ouvrir pendant les inondations une permanence qui délivra des bons de viande, de chauffage, ainsi que des vêtements. Nous adressons nos remerciements à Mmes MILLATTRE, PORTÈS, Mlle PEDRETTI, qui en assurèrent le bon fonctionnement.

Vaucresson-Garches-Marnes-Ville-d'Avray. — *États présentés par* Mme BONICHON, *Présidente.*

Le Comité a ouvert une souscription, à Vaucresson, en faveur des inondés de la région, souscription qui a produit une somme de . . . . 1.092 fr. 85

Recette d'un concert donné le 12 février. . . . 453 »»

Produit d'un bal à Vaucresson, donné par la Société Fraternelle des jeunes gens, en faveur des inondés et dont le montant a été remis au Comité . . . . . 80 »»

Total. . . . . 1.625 fr. 85

Des dons en nature, au nombre de 603, achetés pour partie par le Comité, pour partie gracieusement offerts par des personnes généreuses, comprenant vêtements pour hommes, femmes et enfants, chaussures, lingerie, lits complets, draps et couvertures, ont été remis, savoir :

Au Maire de Bougival	176 objets
Au Comité de Meudon.	50 •
Au Maire de Saint-Cloud	377 »
Total.	603 objets

pour être distribués aux sinistrés de la localité.

Versailles. — Le Comité a versé la somme de 50 francs pour les inondés, à la Mairie de Versailles.

Villeneuve-Saint-Georges. — *Rapport présenté par* M. BAU-DRY, *Secrétaire général* (19 avril 1910).

Reçu du Comité central	17.000 fr. »»
Dons particuliers	202 »»
Total.	17.202 fr. »»

Lorsque se produisit le désastre des inondations, le Comité se trouva dans des conditions particulièrement difficiles pour accomplir sa mission d'humanité. L'immeuble où est situé notre siège était envahi par les eaux et d'un accès impossible ; les habitations des membres du bureau : président, vice-présidente, et de plusieurs membres de la Commission administrative, étaient également envahies.

M. BAUDRY, trésorier et secrétaire général du Comité, prit l'initiative d'organiser les secours aux sinistrés. La Commission administrative, réunie par ses soins, aussitôt que les circonstances le permirent, approuva à l'unanimité tout ce qu'il avait fait, le remercia chaleureusement, lui vota des félicitations pour son dévouement, et lui donna pleins pouvoirs pour l'organisation des secours. Malgré cette investiture, M. BAUDRY, qui allait prendre en quelque sorte, pendant les événements, la direction du Comité, fit part de cette situation au Comité central, qui lui décerna le titre de délégué. Ce titre lui permit d'assurer en toute confiance l'exécution rapide des ordres donnés par le Comité central, sans froissement possible pour

les membres du bureau et sans étonnement pour les personnes étrangères à l'Association : maires, personnalités, etc., avec lesquels
M. BAUDRY s'est trouvé en rapport.

En dehors des recettes en espèces indiquées ci-dessus (17.000 +
202), le Comité de Villeneuve a reçu des dons en nature considérables.

60 ballots d'effets, linge et chaussures du Comité central ; 9 ballots d'effets,
linge et chaussures de divers ; 48 couvertures de laine, 20 paires de draps ;
couvertures, chemises, corsages du Comité d'Etampes.

Dès le 30 janvier, une lettre fut adressée aux Maires des huit
communes environnantes, leur offrant les secours de l'Association.
Les réponses reçues prouvent que cette offre spontanée produisit
une excellente impression.

A cette même date et toutes communications étant coupées,
M. BAUDRY se rendit, par des voies de fortune, au Comité central,
rue Gaillon, pour demander toutes instructions utiles. Il s'en retour-
nait emportant, par ses propres moyens, les premiers colis d'effets.
Il les a portés sur son dos, de la gare de Limeil (Est) à Villeneuve-
Saint-Georges, ayant à cœur que l'*Association des Dames Françaises*
fît immédiatement quelque chose pour les inondés.

Tous les commerçants étant sinistrés, il était impossible de se
procurer quoi que ce fût dans la localité. M. BAUDRY sollicita un
congé de son administration et se rendit tous les jours, partant de
nuit, franchissant à pied, par des chemins impossibles et par tous
les temps, le plateau qui s'étend entre les lignes P.-L.-M. et de
Vincennes, pour rapporter des effets, du linge, des chaussures que
le Comité central lui remettait pour les sinistrés.

Le siège du Comité étant inaccessible, les distributions furent
faites, pendant quelques jours, à l'Ouvroir des Dames de Charité,
pour les femmes, et au presbytère, pour les hommes ; un écriteau
apposé au siège, une insertion dans trois journaux de l'arrondissement et une circulaire à tous nos adhérents firent connaître nos lieux
provisoires de distributions. Par les mêmes moyens on fut prévenu
quand le siège du Comité fut redevenu accessible, que les distributions s'y feraient dorénavant.

Le Comité ne donne que sur le vu de recommandations : municipalités, œuvres d'assistance, docteurs, personnes honorablement connues, Dames Françaises.

Des feuilles à notre chiffre sont établies et remises, avec noms en blanc, par quantités déterminées, aux œuvres d'assistance et aux municipalités, et ce, pour chaque distribution. Les sinistrés se présentent avec nos feuilles estampillées par les œuvres ou municipalités et indiquant leurs noms et adresses. Sur ces feuilles nous portons les effets donnés et elles sont immédiatement classées par lettres alphabétiques. A chaque distribution, ces feuilles sont consultées pour toute personne qui se présente ; le Comité a ainsi évité les doubles emplois. Quand le public a su avec quel ordre se faisaient nos distributions, les tentatives de fraude ont presque disparu.

Nous avons collaboré surtout avec les Municipalités, qui se montrent très reconnaissantes envers l'Association de ce que nous avons fait pour leurs administrés.

Pour les effets que le Comité central ne pouvait nous procurer, nous avons passé marché avec des commerçants faisant partie de l'Association et sinistrés.

Le Comité distribue encore actuellement ce qui reste des effets reçus du Comité central aux sinistrés qui viennent chercher du mobilier, principalement aux veuves et aux ménages chargés d'enfants. Ces distributions tardives et inespérées sont accueillies avec reconnaissance par ces braves gens. (Mai 1910).

Distribution de mobilier. — Le Comité commença les distributions de mobilier dès qu'il en reçut l'ordre du Comité central.

Comme pour les vêtements, le Comité s'est procuré chez les commerçants sinistrés, membres de l'Association, les objets mobiliers. Cette façon d'opérer qui permet de faire une double bonne action et qui a été portée à la connaissance du public par la voie de la presse, a recueilli l'approbation unanime de la population. Par contre, il en est résulté un surcroît de travail assez considérable, puisque, nous adressant à plusieurs fournisseurs, il convenait d'établir pour une même famille jusqu'à *cinq* bons avec noms, adresses, objets, etc. ; mais tous ennuis et tracas s'effacent devant la satisfaction d'avoir fait le bien en accomplissant doublement notre devoir.

Organisation. — Par suite d'une collaboration étroite avec les Municipalités, le Comité n'a donné, en principe, que sur le vu de pièces établies par les Municipalités, pièces établies en double expédition comme l'ordonne le Comité central.

Un arrangement avec les Municipalités nous a permis de donner des objets mobiliers de moindre valeur, ce qui nous a procuré la satisfaction de donner à quantité de familles de Villeneuve-Saint-Georges, Villeneuve-Triage, Draveil, Vigneux, Montgeron, Crosne, Ablon, Villeneuve-le-Roi.

Le jour de la distribution, les sinistrés se présentaient au siège avec la pièce en double établie par la Mairie : on vérifiait avec l'original, ou délivrait des bons aux sinistrés, qui les signaient et allaient chez les fournisseurs se faire servir. Ces derniers étaient réglés sur la production des bons.

En établissant ainsi au jour le jour toutes ces écritures, on avertissait les fournisseurs, qui avaient énormément de mal à se procurer ce qu'il fallait, d'avoir à se précautionner, afin de faire attendre le moins possible les sinistrés.

Après chaque distribution, les Maires étaient informés des jours et heures de la distribution suivante, de même le public par les journaux. De cette façon tout s'accomplissait avec ordre, sans à-coup, et on savait, de distribution en distribution, où on en était pour la trésorerie.

Les précautions prises pour la délivrance des vêtements étaient de même appliquées à la délivrance des mobiliers.

Au sujet des employés de la Cie P. L. M., très nombreux dans la région, la Compagnie ayant voté des secours pour eux, M. BAUDRY, en sa qualité de chef de section à ladite Compagnie, put se procurer les états de répartition de ces secours. Le Comité a ainsi pu donner à cette catégorie de sinistrés à bon escient, suivant qu'ils avaient reçu beaucoup, peu ou pas du tout de la Compagnie. Il a aussi réparti ses secours proportionnellement aux charges des familles.

Le nombre de journées de distribution de vêtements, linge, chaussures, mobiliers depuis le 31 janvier jusqu'au 19 avril a été de 32. Il était donné journellement satisfaction aux cas urgents.

Mme et M. BAUDRY se sont tenus depuis le 31 janvier, tous les dimanches et jours de fêtes, au siège, pour recevoir les sinistrés qui ne pouvaient venir en semaine sans être contraints de perdre leur journée de travail. Ils recevaient à leur domicile ou au siège des sinistrés auxquels il eût été pénible de révéler leur détresse devant témoins.

M. BAUDRY a passé les quatre premiers dimanches des inondations à visiter les Maires des communes voisines de Crosne, Vigneux, Draveil, Montgeron, Villeneuve-le-Roi, remettant, dès la première visite, des fonds dont ces communes avaient un besoin urgent pour l'alimentation des sinistrés. Il s'enquit des besoins et fit espérer de nouveaux secours en argent et en vêtements. Ces visites, la première surtout, où il fallut suivre les routes couvertes d'eau, produisit auprès des Maires une profonde impression de reconnaissance pour notre Association.

Souscription. — M. BAUDRY prit l'initiative d'une souscription. Les sommes et ballots d'effets reçus sont indiqués en tête du présent Rapport. De plus, certaines sommes ont été déduites de factures par les commerçants, à titre de participation à la souscription. Le nombre des articles insérés dans les journaux locaux, reproduisant les faits les plus saillants de l'action du Comité, dépasse 40.

En dehors des précautions prises et relatées ci-dessus le Comité a signalé avec opiniâtreté les sinistrés cherchant à recevoir de divers côtés, au détriment de leurs concitoyens. C'est ainsi que, grâce à la centralisation entre ses mains de toute demande de secours adressée au Comité central, aux Maires, aux personnalités, aux œuvres d'assistance, aux membres de l'Association, il a été possible de démasquer les manœuvres de plusieurs familles. Le Comité attend encore la première réclamation de sinistrés.

Le tableau ci-dessous fera connaître, dans leur ordre, le zèle et le dévouement qu'ont apportés nos Dames Françaises à nos distributions de secours.

Nombre de jours de distributions : 32 dont 6 à l'Ouvroir des Dames de Charité et 7 les dimanches et fêtes.

Mᵐᵉ et M. BAUDRY ont assisté à toutes ces distributions ; Mᵐᵉ BERNARD a assisté à 18 distributions ; Mᵐᵉ NIQUEVERT, à 18, Mᵐᵉ DEBIERRE, à 17,

M. Chardon, à 12, Mme Chardon, à 10, Mme Boudineau, à 10, Mme Cancel, à 6, Mme Diacre, à 5, M. le Dr Diacre, à 4, Mme Jacqueau, à 3 ; Mme Leclère, à 2 distributions, est venue de Paris pour y assister.

État récapitulatif des Recettes et des Dépenses.

1° *Recettes.* — Reçu du Comité central . . . . 17.000 fr. »»
Dons particuliers . . . . 202 »»

Total. . . . . 17.202 fr. »»

2° *Dépenses.* — Remis aux Maires des communes de nos Sous-Comités :
Villeneuve-le-Roi . . . . 1.400 »»
Montgeron . . . . 1.150 »»»
Vigneux . . . . 800 »»
Draveil . . . . 700 »»
Crosne . . . . 50 »»
Vêtements, linge, chaussures 2.907 90
Mobilier 7.566 20
Outils de travail 123 75
Pharmacie . . . . 60 »»»
Charbon 81 10
Secours de loyer 77 50
Imprimés 86 20
Frais de voitures 100 50
Dépenses diverses faites par le Délégué-Secrétaire général . 178 »»
Divers 15 05
Dépenses engagées à solder 1.905 80

Total des dépenses égal à celui des recettes. . . 17.202 fr. »»

Nous avons été heureux de recevoir de nombreuses lettres de remerciments, parmi lesquelles nous avons plaisir à citer la lettre suivante de M. le Maire de Villeneuve-Saint-Georges.

Mairie de Villeneuve-Saint-Georges.

Villeneuve, le 17 avril 1910.

Monsieur Chardon,

Je suis heureux de vous adresser mes bien vives félicitations pour l'appui précieux qui nous a été donné par votre Association, au cours des événements que nous venons de traverser.

Ainsi que je l'ai dit à ces Dames, lors de ma visite à votre siège social, nous avons apprécié, comme il convenait, le dévouement dont elles ont fait preuve, Mme BAUDRY en tête.

Mais ce que je tiens surtout à vous dire, c'est qu'en ces pénibles circonstances, M. BAUDRY, votre secrétaire général, s'est vraiment multiplié et qu'il a véritablement été l'âme de la collaboration que vous avez bien voulu nous donner ; il n'a ménagé ni son temps ni sa peine pour cela, nous lui en sommes très reconnaissants.

L'expérience qui vient d'être tentée est concluante ; si un désastre quelconque survenait, nous pourrions, en nous unissant les uns et les autres, soulager les misères et panser les blessures qu'elles occasionnent.

Veuillez agréer l'assurance de ma considération la plus distinguée.

Le Maire de Villeneuve-Saint-Georges,
Signé : HEMMERSCHMIDT.

Vincennes. — *Rapport de* M. le Commandant BON, *Secrétaire de la Commission administrative.*

Reçu du Comité central . . . . . , ... 6.000 fr. »»
Dons particuliers . . . . 1.410 »»

Dans une séance de la Commission administrative tenue le 30 janvier, Mme la Présidente VERLUISE ayant exposé avec chaleur et une grande émotion la triste situation des riverains de la Seine et de la Marne, il a été décidé à l'unanimité que le Comité se mettrait de suite à la disposition de la Municipalité, que l'ancienne école de la rue du Terrier, aujourd'hui bibliothèque, serait demandée pour y établir le siège permanent du Comité, enfin, qu'il serait fait un appel pressant, par voie d'affiches, aux habitants qui voudraient bien lui adresser leurs dons.

Dès le lendemain, 31, tout était prêt. La Municipalité avait gracieusement mis l'ancienne école à la disposition du Comité.

Les affiches à peine apposées, les dons de toute nature : vêtements, linge, bas, chaussures, pour hommes, femmes et enfants, meubles, jouets, etc., affluaient de partout et en si grande abondance que les locaux de l'école, cependant nombreux et spacieux, pouvaient à peine les contenir.

Au fur et à mesure de leur arrivée, les sinistrés, nourris et logés par les soins de la Municipalité, étaient conduits à la permanence où ils recevaient de suite les vêtements dont ils avaient besoin.

Le Comité a ainsi, sans relâche, distribué pendant trois semaines à ces malheureux des objets les plus nécessaires. Il a en outre organisé dans les dortoirs des distributions d'ouvrages de toute sorte pour occuper les loisirs des pauvres femmes pendant ces douloureuses journées. Le chiffre des sinistrés ainsi secourus s'est élevé à plus de 350.

Division du travail. — Dès le 31 janvier et jusqu'au 20 février les Dames du Comité se sont réunies au complet à la permanence où, sous la direction de Mmes ROBERT, Présidente honoraire, et H. VERLUISE, Présidente, elles ont reçu : les unes, la mission de recueillir et enregistrer les dons ; les autres, de les classer ; les autres, enfin, de les distribuer.

D'autres Dames, pendant ce temps, s'occupaient des salles de réunion, des locaux de couchage, de la literie et des distractions pour les tout petits. Des ambulancières donnaient leurs soins aux blessés. Il y en a eu chaque jour. Les dimanches et jours gras quelques dames ont organisé un goûter et une distribution de jouets.

A partir du 21 février, date à laquelle il n'y a plus eu de sinistrés, et jusqu'au 9 avril, la permanence a subsisté pour permettre la mise en règle des comptes et l'achèvement de la distribution des dons ; mais quelques dames seulement s'y rendaient.

Enfin, l'école de la rue du Terrier, siège de la permanence, a été rendue à la Municipalité le 9 avril.

Concours des autorités locales. — Le 31 janvier M. VERLUISE, Maire, et le Conseil municipal ont mis très obligeamment l'ancienne école de la rue du Terrier à la disposition du Comité ainsi que le personnel de la Mairie, qui s'est employé gratuitement à l'affichage, à la mise au point des locaux, au chauffage, à l'éclairage et à toutes les menues besognes que la situation comportait.

De son côté M. le Général HERMENT, commandant d'armes, auquel le Comité s'est adressé pour le service d'ordre, a mis avec le plus grand empressement à sa disposition : gradés, hommes, chevaux et matériel.

C'est grâce à l'obligeant concours de la Municipalité et de M. le Général commandant d'armes, que le Comité a pu sans frais faire tant de bien et faire transporter, sous escorte, au moins une prolonge de vêtements propres, souvent neufs, toujours réparés et assortis, à chacune des communes ci-après ; Alfortville, Bry-sur-Marne, Charenton (deux envois), Choisy-le-Roi, Gennevilliers (deux envois), Ivry.

Les lettres de remerciements sont fournies à l'appui du présent Rapport.

Il ressort de ce qui précède que le mouvement de solidarité de toute la population de Vincennes, sans distinction de classe, ni de religion, a été admirable, elle a donné sans compter.

Mme la présidente VERLUISE croit être au-dessous de la vérité en estimant qu'il eût fallu au moins trois wagons pour charger la quantité d'objets reçus, neufs ou simplement usagés, sans compter les meubles.

Le patronage de la paroisse a travaillé pendant 15 jours à la confection de 20 douzaines de mouchoirs, 40 tabliers, 20 robes de fillettes, 20 jupons, le tout à l'état de neuf.

Les sociétés locales, surtout l'Union commerciale, ont aussi offert leur généreux concours dès la première heure ; elles ont fait don de 50 bons de chaussures, 10 pièces d'étoffes diverses, de peignes, brosses, savon, etc., etc. La Ligue Patriotique des Françaises a fait don d'un lot de vieux meubles d'une valeur approximative de 150 francs.

Qu'il soit permis au Secrétaire de la Commission consultative qui, au cours de cette longue période de calamité publique, a suivi de très près l'œuvre du Comité, de dire que la grande compétence, le zèle inlassable, le dévouement sans borne des Dames Françaises, bien connu de la population, a aussi beaucoup influé sur les brillants résultats obtenus.

Compte financier : Recettes. — Reçu du Comité central . . . 6.000 fr. »»
Reçu du journal l'*Intermédiaire*. . . . . 1.050 »»
Reçu de divers . . . . 360 »»

     Total. . . . . 7.410 fr. »»

Dépenses. — Mobiliers distribués . . . . 1.635 fr. »»
Don fait à la soupe populaire d'Alfortville . . . . . 200 »»
Première note mobiliers . . . . 888 »»

    A reporter. . . . . 2.723 fr. »»

Report.	2.723 fr. »»
Couvertures et draps	500 »»
Divers (affiches, etc.)	250 »»
A Mlle LEVELLAIN, Directrice de l'école d'Alfortville	500 »»
Au Comité de Charenton	500 »»
» de Nogent-sur-Marne	500 »»
Don à cinq familles	700 »»
Total.	5.653 fr. »»

Résumé. — Recettes.	7.410 fr. »»
Dépenses	5.653 »»
Différence en avoir	1.757 fr. »»

Cette réserve de 1.757 francs recevra son emploi ultérieurement, lorsque les enquêtes en cours seront terminées.

Vitry-sur-Seine. — *Rapport présenté par* Mme C. DEFRESNE, *Présidente.*

Reçu du Comité central . . . . 10.500 fr. »»

Le débordement de la Seine menaçant d'inonder le territoire de Vitry-Port-à-l'Anglais, le dimanche 23 janvier 1910, la Municipalité prenait des dispositions pour établir, dès le lendemain 24, des secours importants et réclamait à M. le Ministre de la Guerre l'envoi d'un détachement de pontonniers avec bateaux et nacelles.

L'eau envahissait subitement rues et habitations, de telle sorte que le sauvetage fut organisé et les sinistrés furent recueillis et amenés dans le groupe scolaire du Port-à-l'Anglais où des paillasses militaires étaient installées.

Parmi les sinistrés il y avait un certain nombre de malades.

A Vitry il n'existait aucun Comité de secours ; Mme Camille DEFRESNE, faisant partie du Comité de Choisy-le-Roi, s'était offerte au Maire de Vitry pour donner ses soins aux malades. Cette autorisation lui fut accordée et, avec une dame de bonne volonté de Vitry, Mme RAULT, elle se mit à l'œuvre.

Le nombre des malades devenait chaque jour plus important, rougeoleux, tuberculeux, paralytiques, coxalgies, phlébites doubles, bronchites, cancers du foie, cirrhose du foie, etc.

L'inondation gagnait bientôt tout le territoire couvrant une superficie de 800 hectares ; l'infirmerie se trouvait entièrement circonscrite par l'eau ; l'accès ne se faisait plus qu'avec des bateaux ou des nacelles de pontonniers nécessitant un trajet de près de 3 kilomètres.

Devant le danger grandissant sans cesse, il était urgent de faire évacuer l'infirmerie ; les malades furent alors transportés en bateau avec de grandes précautions dans un local à Vitry-Centre offert gracieusement par Mme GROULT.

A ce moment là (vendredi 28 janvier) Mme C. DEFRESNE crut devoir faire appel à son Comité de Choisy pour avoir de l'aide, mais celui-ci opérant de son côté ne pouvait lui en prêter. C'est alors que Mme Camille DEFRESNE se rendit au siège central de l'Association, rue Gaillon, pour demander l'autorisation d'installer un poste.

Cette autorisation obtenue dès le lendemain matin, 29 janvier, des Dames ambulancières arrivèrent à Vitry et l'organisation fut définitivement établie avec service de jour et de nuit.

On installa alors infirmerie, fourneau, refuge, dispensaire, vestiaire, etc., avec l'assentiment de la Municipalité de Vitry, qui faisait assurer la police pendant la nuit par des agents.

Les fonds nécessaires à cette installation étaient fournis par l'Association, qui avait aussitôt remis à Mme DEFRESNE une première somme de 2.000 francs.

M. le Dr LEVEZIER venait gracieusement donner ses soins aux malades et passait la visite deux fois par jour (matin et soir).

L'infirmerie était destinée à donner des soins, non seulement aux blessés et aux malades sinistrés, mais encore aux pontonniers, marins, gendarmes, et aux troupes en détachement. La moyenne des soins était chaque jour d'une douzaine de malades alités et d'une vingtaine de pansements. Mmes MIRET, BONHOMME et BAYER, de l'Association, étaient plus spécialement affectées à ce service.

Le fourneau nourrissait quotidiennement 130 à 150 sinistrés, et les repas étaient assurés par Mmes DEFRESNE et MARTIN.

Le Refuge, dont l'installation était organisée par Mme DEFRESNE, abritait les sinistrés ci-dessus.

La garde de nuit était confiée à Mmes Eug. MARTIN, DE LAVAL et JEANCOURT-GALIGNANI, qui méritent les plus grands éloges pour leur dévouement si remarquable.

Le vestiaire, dont s'occupaient plus spécialement Mmes Eug. MAR-
TIN et DEFRESNE, distribuait journellement une grande provision de
linge, chaussures, envoyés par le Comité central de l'Association,
ainsi que de Sceaux, Etampes et de plusieurs donateurs.

La baisse des eaux permettait à beaucoup de réintégrer tant bien
que mal leur domicile et il fut décidé de fermer les différents services de ce poste le jeudi 24 février.

Pour soulager les familles très chargées d'enfants, un groupe
d'enfants et de vieillards en convalescence fut dirigé sur Soissons et
confié au Comité de cette ville sous la direction de Mme MACHEREZ,
et un autre groupe sur Arcachon.

C'est quand le Refuge fut fermé que le besoin de mobilier se fit
sentir chez les sinistrés et, grâce à la générosité du siège central de
l'Association, un grand nombre de ménages purent être secourus et
recevoir un peu de soulagement chez eux.

En effet, il a été distribué à Vitry au nom de l'*Association des
Dames Françaises* :

100 lits complets à 2 personnes ; 25 lits d'enfants ; 30 tables de salle à
manger de 1 mètre, à rabats en faux noyer verni ; 90 chaises cannées faux
noyer verni ; 15 buffets étagères faux noyer verni ; ustensiles de cuisine ;
fourneaux de cuisine.

Il a été pris, en outre, avec l'autorisation de M. le Secrétaire
général, à l'hôpital d'Auteuil 10 lits complets d'une personne avec
10 chaises, aussitôt répartis dans les familles qui en avaient le plus
besoin.

Cette distribution a été faite le plus équitablement possible, avec
la plus grande impartialité et après enquête sérieuse.

En dehors de ces Comités, le Comité central a versé pour secours
aux sinistrés :

A Moret . . . . 500 fr. »»
A Montargis . . . . 1.500 »»
A Rueil. . . . . 1.000 »»

2° AUTRES COMITÉS

Les Andelys. — Somme versée pour les sinistrés du Petit-Andelys . . . . 300 fr. »»

Antibes. — Versé au Comité central . . . . . . 500 fr. »»
Produit d'une quête faite pendant la soirée donnée annuellement pour l'entretien du Dispensaire.

Aubigny. — Versé au Comité central . . . . . . 100 fr. »»

Beauvais. — Le Comité a remis, sur ses fonds, à la Presse Beauvaisienne pour les inondés . . . . 200 fr. »»
Reçu des communes des environs, pour être distribuées aux inondés, les sommes ci-après :

Vauroux, 45 fr. Lafraye, 32 fr. Allonne, 50 fr. Saint-Quentin-des-Prés, 25 fr. Villers-sous-Anchy, 194 fr. Beauvais, 200 fr. Total : 546 fr.

Blangy-sur-Bresle. — Versé au Comité central. 500 fr. »»

Bordeaux. — Les souscriptions reçues par le Comité de Bordeaux et celui d'Arcachon se sont élevées à la somme de. 1.590 fr. »»
Il a été envoyé au Comité central pour être réparti :

1° Au Comité de Charenton une somme de. . . . . . 150 fr. »»
2°   —   Saint-Germain-en-Laye . . . . . 150 »»»
3° Au Refuge organisé par Mᵐᵉ BINOT, boulevard Pasteur. 200 »»

Total. . . . . 500 fr. »»

Une caisse contenant des vêtements de tous genres pour les sinistrés de Paris et de la banlieue.

N.-B. — Voir le chapitre concernant *les enfants envoyés à Arcachon.*

Bourg. — Le Comité a prélevé sur ses fonds de réserve une somme de 1.000 francs qui a été répartie comme il suit :

1° Remise à M. le Préfet de l'Ain, pour les sinistrés du département très éprouvé, d'une somme de . . . . 500 fr. »»
2° Envoi au Comité central de deux caisses de vêtements chauds (d'une valeur de 500 francs) pour les sinistrés de la banlieue parisienne.

En outre, le Comité a donné un bal dont le produit est destiné aux victimes de la catastrophe.

Briançon. — Versé au Comité central . . . . . 200 fr. »»

Briey. — Versé au Comité central . . . . . 300 fr. »»

  Provenant, pour 120 fr., des fonds du Comité et, pour 180 fr., d'une quête faite à la Messe annuelle célébrée pour les soldats morts pour la patrie.

Cannes. — Versé au Comité central . . . . . 1.140 fr. »»

  M. Hembach, à Cannes . . . . 30 fr. »»

  Anonyme, de Cannes . . . . 60 »»

  Souscription de la commune de Mandelieu . . . . 50 »»

  Le Comité . . . . 1.000 »»

              Total. . . . . . 1.140 fr. »»

  Une Dame étrangère a, en outre, adressé au Comité central un lot de vêtements usagés.

Le Cateau. — Versé au Comité central . . . . 300 fr. »»

Champagnole. — Versé au Comité central . . . 500 fr. »»

  Remis à la Préfecture de Jura, pour les inondés de la région jurassienne. . . . . 300 fr. »»

  Sommes prélevées sur les fonds du Comité ou provenant de fêtes données par lui.

La Chartre-sr-le-Loir. — Versé au Comité central 100 fr. »»

Château-Gontier. — Versé au Comité central . . 870 fr. »»

  Produit d'un Concert.

Creil. — Dès la première crue de l'Oise, le Bureau du Comité a voté 300 francs pour être distribués en bons de denrées alimentaires ou de charbon aux familles sinistrées de Creil et des communes environnantes.

Cette somme épuisée, et une seconde crue de l'Oise s'étant produite, une seconde somme de 300 francs a été votée qui, ainsi que la première, s'est convertie en bons.

Ces bons étaient distribués deux fois par semaine au domicile de Mme Louis Durand, présidente, et établis par ses soins à la demande et suivant les besoins de chacun.

Le Comité d'un Bal costumé nous a fait parvenir 50 bons de pain et 50 bons de viande, qui ont été donnés également aux nécessiteux secourus par les Dames Françaises.

Enfin, le produit intégral d'un Concert donné le 9 avril par le

Cercle de Creil doit être partagé entre les sœurs de Charité et l'*Association des Dames Françaises*.

Cette soirée étant donnée au bénéfice des inondés, il sera fait une nouvelle distribution, bien que tout sinistre ait aujourd'hui disparu.

Les secours ainsi distribués par le Comité peuvent être évalués à 900 francs.

Denain. — Versé au Comité central. . . . . . . 200 fr. »»

Plus le produit d'une quête faite à un Concert donné par les Forges de Denain. 184 70
_____

TOTAL. . . . . . . 384 fr. 70

8e Région militaire. — *Rapport de M.* MEINADIER, *Délégué régional du 8e Corps d'armée, sur la répartition, dans sa région, des secours aux victimes des inondations* (Mars 1910).

Ce Rapport concerne les Comités de COSNE, SEMUR, BEAUNE, AUXONNE, CHATILLON-SUR-SEINE, CLAMECY, LOUHANS.

Le Délégué propose d'être l'intermédiaire du Comité central avec les Comités de sa région. Sa proposition ayant été acceptée, le 19 février, il entre immédiatement en relations avec les Comités, l'Administration et les municipalités.

Le 21, il vient à Paris, s'entend verbalement avec le Comité central, et reçoit un crédit de linge et vêtements, ainsi qu'une somme de deux mille francs (fr. 2.000) pour faire face aux besoins qui lui seront signalés.

Le crédit en nature a été épuisé par des envois que, sur ses indications, le Comité central a fait directement à Beaune, Auxonne, Louhans et Semur.

Toutes les quittances et pièces justificatives seront remises ultérieurement à l'appui du compte détaillé que présentera le délégué. Le présent Rapport n'a d'autre but que de signaler, tout à la fois, le zèle des Comités de la 8e Région militaire et l'effet moral obtenu par les secours qu'ils ont distribués.

6 juin. — Le Comité central vient d'envoyer un secours de 1.000 fr. au Délégué régional du 8e Corps, pour les victimes de nouvelles inondations survenues dans beaucoup de localités de sa région.

Cosne. — Le Comité de Cosne est situé dans un arrondissement qui n'a souffert d'aucun désastre, mais il est loin d'être resté indifférent devant une calamité publique.

Non content d'avoir envoyé, dès le début des inondations, une somme de 200 francs au Comité central, il a déployé une ardeur des

8

plus méritoires à stimuler la charité de ses adhérentes et de toute la population de Cosne : 1° en ouvrant parmi ses membres une souscription qui a produit 436 fr. 35 ; 2° en organisant, dans un bal, une quête qui lui a procuré 291 francs ; 3° en donnant un Concert dont le bénéfice n'a pas été inférieur à 476 francs.

De telle sorte que, à la date du 23 février, sa Présidente pouvait écrire au Délégué régional :

Nous avons déjà envoyé 750 francs au Comité central et nous comptons lui faire un nouvel envoi qui portera à 1.300 francs environ notre participation dans la grande œuvre commune. (Les sommes définitivement adressées au Comité central s'élèvent à 1.401 francs).

Cette activité charitable affermit la popularité de notre Association et explique la constatation faite par la même Présidente, dans sa correspondance avec le Délégué :

Chacun, en nous remettant offrande particulière ou collective, y joignait cette preuve de confiance : « Nous sommes certains que, par vous, notre argent sera distribué de suite et en entier aux sinistrés. »

De telles initiatives et de semblables efforts méritent d'être signalés. Le Délégué régional, en sa qualité de mandataire du Comité central, a cru devoir, à la date du 25 février, exprimer à Mme DEVAUX, Présidente du Comité de Cosne, la reconnaissance de l'Association, en y joignant ses félicitations personnelles pour le soin tout à fait remarquable avec lequel le Comité de Cosne tient au courant le journal de mobilisation de son hôpital auxiliaire. Si l'on ajoute aux 1.401 francs du Comité de Cosne les 200 francs envoyés à Paris par le Comité d'Auxonne, on constate qu'ayant dépensé 1.900 francs seulement sur les fonds qui lui ont été alloués par le Comité central, la 8e Région s'est presque suffi à elle-même dans la grande manifestation charitable qu'elle vient de faire et dont le détail va être donné par comités.

Semur. — Importantes distributions de linge et de vêtements provenant de l'envoi du Comité central et d'achats faits directement.

Manifestation de sympathie à une victime du devoir par une couronne déposée sur le cercueil d'un ouvrier qui s'est noyé en travaillant à protéger une usine contre des pièces de bois emportées par les eaux. — Secours à la famille du défunt.

Participation considérable dans une souscription locale organisée par l'Administration et la Municipalité.

Non content de ce qu'il pouvait faire sur place, le Comité de Semur a voulu étendre son action sur l'ensemble de l'arrondissement dont 25 communes inscrivent annuellement à leur budget leur cotisation d'adhérentes à l'Association. Secondé par M. le Sous-Préfet de Semur, qui s'est mis à sa disposition avec une extrême complaisance, il est entré en relations avec les Maires de toutes les communes sinistrées.

Certaines de ses adhérentes, bien connues pour leur dévouement envers les malheureux, avaient mission de rechercher de leur côté, notamment dans le canton de Montbard, ceux qui pouvaient rester en dehors des désignations officielles.

C'est ainsi que le Comité de Semur a eu la satisfaction de soulager toutes les misères. Il y a employé de 1.500 à 1.800 francs, tant en effets qu'en argent.

Aussi l'impression produite dans l'arrondissement a été profonde. Des communiqués de la Sous-Préfecture faisaient connaître par la voie des journaux le détail des envois adressés aux communes *grâce à l'inlassable générosité de « l'Association des Dames Françaises »*. Des familles envoyaient leurs remerciements par l'entremise de l'instituteur.

Le Maire de Venarey écrivait à la Présidente que les répartitions avaient donné satisfaction à tout le monde et se faisait l'interprète des personnes secourues pour exprimer à l'*Association des Dames Françaises* leurs sentiments de vive reconnaissance.

Et le Maire de Pouillenay, résumant l'opinion générale, adressait, le 10 mars, au Délégué régional cette lettre qu'il est bon de reproduire :

Veuillez me permettre de vous adresser, au nom des inondés nécessiteux de la commune de Pouillenay et au mien, nos plus vifs remerciements au sujet des secours que, par votre bienfaisant intermédiaire, l'*Association des Dames Françaises* a bien voulu nous envoyer.

Les objets de lingerie et autres que nous avons reçus ont compensé d'une façon appréciable les pertes qu'avaient subies de pauvres gens à peine pourvus du strict nécessaire. En dehors de l'aide matérielle, ils ont été pour eux un

réconfort moral : la certitude qu'ils ne sont pas abandonnés, la pensée forti-
fiante que, dans notre cher pays de France, nombreuses sont les âmes élevées
et compatissantes, pour qui la solidarité n'est pas un vain mot.

Beaune. — Tant avec ses ressources personnelles qu'à l'aide de
l'envoi direct du Comité central, le Comité de Beaune a pu faire le
nécessaire en faveur des sinistrés.

Renseignements fournis postérieurement au présent Rapport. — Les fonds recueillis
par une souscription ouverte, au nom de l'Association, dans un journal de
Beaune, se sont élevés à 4.478 fr. 05.

Dépenses : Versé à la recette municipale. . . . . 3.807 fr. 05
Achat de vêtements. . . . . 371 » »
Bons de pain. . . . . 300 » »

Total égal. . . . . . . 4.478 fr. 05

Les vêtements et les bons ont été distribués par les Dames elles-mêmes,
qui se sont rendues sur les lieux sinistrés et se sont fait indiquer les personnes
les plus nécessiteuses. Outre les vêtements achetés et confectionnés en partie
à l'ouvroir, on avait demandé un peu partout des effets usagés.

Ces distributions ont été effectuées dans un ordre parfait, grâce à la bienveillance du Colonel du 16e chasseurs, qui a bien voulu mettre à la disposition
des Dames du Comité, une grande voiture régimentaire et trois hommes.

Inutile de dire que l'effet produit par cette démarche fut immense, et aura
certainement sa répercussion dans la suite.

Auxonne. — Dès le début des inondations, ce Comité avait
spontanément envoyé 200 francs au Comité central, ne prévoyant
pas encore l'étendue des désastres qui allaient se produire dans sa
propre contrée.

Il accepta donc avec empressement et reconnaissance les offres
du Délégué régional et eut sa part dans l'aide donnée par le Comité
central, en nature (envoi direct) et en argent (400 francs). Plusieurs
dames de ce Comité sont allées elles-mêmes faire dans les villages
sinistrés des distributions de secours. Leur dévouement a été la
meilleure de toutes les propagandes ; aussi la vice-présidente,
Mme CAUVARD, a pu écrire au Délégué régional, dès le 23 janvier :

Je suis heureuse de vous annoncer que, grâce aux dons que la libéralité du
Comité central nous permet de faire, nous avons plus que doublé le nombre
de nos adhérentes. Nous espérons bien que le Comité d'Auxonne va entrer
dans une voie de prospérité nouvelle.

Châtillon-sur-Seine. — Ce Comité a consacré une somme de 500 francs, prise dans ses ressources personnelles, au soulagement des misères causées par les inondations. Sa Présidente est entrée en relations avec le Délégué régional et, sur les conseils de ce dernier, avec le sous-préfet de Châtillon.

L'examen de la situation a permis de constater qu'il n'y avait pas mieux à faire dans un arrondissement où les plus éprouvés sont des personnes aisées et non pas de pauvres gens.

Clamecy. — Dans un pays où les inondations ont transformé bien des pauvretés en profondes détresses, ce Comité avait déjà fait beaucoup de bien avec ses faibles moyens, quand les secours envoyés au nom du Comité central (400 francs en argent) lui ont permis de généraliser son intervention forcément limitée au début.

En transmettant l'expression de sa gratitude pour le concours du Comité central, la vice-présidente, Mme BEAUFILS, a écrit au Délégué régional :

Nous profitons de la triste circonstance pour mettre en relief l'action bienfaisante de notre chère Association et la faire aimer comme nous l'aimons nous-mêmes.

En résumé, reçu au nom du Comité central 400 francs (22 personnes secourues).

Prélevé par le Comité sur ses fonds, 300 francs (13 personnes secourues).

Il a été, en outre distribué un nombre assez considérable de chemises de flanelle.

Louhans. — En l'absence de la Présidente, la Secrétaire, Mme JAILLET, a fait bien et beaucoup.

Le Comité a commencé, avec ses modestes ressources, des distributions de secours en linge et en argent.

Puis, lorsqu'il a été en possession de l'envoi direct, en nature, du Comité central ainsi que des fonds transmis par le Délégué régional, il a multiplié ses charités dans toute l'étendue de l'arrondissement fort éprouvé par la crue du Doubs.

Les Dames de l'ouvroir se sont mises activement au travail pour remplacer le linge de 15 familles pauvres dont les maisons s'étaient écroulées à Lays et à Pourlans.

Les Maires de nombreuses communes s'adressaient à l'*Association des Dames Françaises*, leur signalant, ici, 30 personnes à secourir, là, 6 ménages dont 4 de veuves avec enfants, dans la détresse la plus complète.

Aucun de ces appels n'a été fait en vain, ce qui explique pourquoi Mme JAILLET joignait à ses remerciements chaleureux, dans une lettre du 2 mars, cette prévision :

Nous avions déjà les subsides de quelques communes, mais nous espérons avoir bientôt pour adhérentes presque toutes celles de l'arrondissement.

Les dons que la générosité du Comité central nous a permis de faire sont assurément la meilleure réponse aux personnes qui nous reprochent de thésauriser en vue d'événements improbables. Nous n'attendons que le retour de notre dévouée Présidente pour commencer une véritable tournée de propagande.

Dijon. — Le Conseil d'administration du Comité a, dans sa séance du 29 janvier 1910, voté une somme de 3.000 francs en faveur des inondés de la Côte-d'Or. Cette somme a été versée en trois fractions égales de 1.000 francs les 1er février, 1er mars et 1er avril, au Comité départemental de secours aux sinistrés de la Côte-d'Or.

Les fonds ont été centralisés à la Trésorerie générale et répartis par les soins du Comité départemental entre les différentes communes atteintes par le fléau et au prorata des désastres éprouvés.

Cette somme de 3.000 francs a été prélevée sur les fonds disponibles du Comité.

Étain. — Versé au Comité central . . . . 571 fr. 10

Provenant d'une quête faite dans la ville.

La Ferté-sous-Jouarre. — Le Comité a voté la somme de 1.000 francs pour les inondés.

Cette somme a été ainsi répartie :

A la ville de La Ferté, 500 fr. Au Comité central, 200 fr. A la commune de Saacy, 60 fr. A la commune de Luzancy, 60 fr, A la commune de Changis, 50 fr. A la commune de Saint-Jean, 40 fr. A la commune de Sammeron, 20 fr. A la commune de Citry, 25 fr. A la commune de Nanteuil, 45 fr. Total : 1.000 fr.

En outre, le Comité avait reçu le montant d'une Quête faite en un banquet de l'Action libérale populaire, qui avait produit la somme de 30 fr. 55.

La dévouée Présidente a distribué elle-même cette somme aux plus éprouvés de la ville.

Flers. — Versé au Comité central. . . . . .   300 fr. »»

Plus le produit d'une Quête faite en ville par l'Union
des Commerçants et remis au Comité.   409   05

Total. . . . . .   709 fr. 05

Guéret. — Le Comité a fait au Comité d'Alfortville-Charenton-
Saint-Maurice un don de 500 fr. en espèces.

De plus, un don en nature de 97 objets d'habillement (vêtements,
linge) pour hommes, femmes et enfants.

Le Havre. — Versé au Comité central . . . .   500 fr. »»

Envoi au Comité central de trois ballots d'effets.

Don personnel de Mme SIEGFRIED, Présidente du Comité.

Langres. — Le Comité a versé au Comité central.   300 fr. »»

D'autre part, il a participé à la souscription ouverte
par le Maire de Langres pour les inondés du Département pour   300   »»

Total. . . . .   600 fr. »»

Longuyon. — Versé au Comité central. . . .   100 fr. »»

Dont 50 fr. produit d'une soirée.

Longwy. — Versé au Comité central . . . .   425 fr. »»

Montant d'une quête et de vente de programmes d'un Concert donné à
Longwy, le 7 mars, au profit des inondés, par la Société symphonique de
Longwy, avec le concours des Dames Françaises et des Officiers de la garnison.

Le Mans. — Versé au Comité central . . . . .   1.000 fr. »»

Le Comité n'a pas été appelé à exercer directement son activité au moment
des inondations. Les dégâts, au Mans, ont été peu importants et ont pu être
couverts par les souscriptions et le bénéfice de la Fête mancelle organisée par
la Presse. La part que le Comité des Dames Françaises a prise à cette Fête a
été l'objet des plus vifs remercîments.

Une somme de cent francs lui ayant été remise par des Dames d'Ecommoy,
Mme RICHARD, Présidente du Comité, est allée suivant leur désir, avec une des
Dames sociétaires, distribuer ce secours à quelques familles qui avaient souffert
de l'inondation.

Marseille. — Versé au Comité central . . . . . 1,310 fr. »»

Menton. — Versé au Comité central une somme de   290 fr. »»
Prélevée sur la recette d'une fête donnée spécialement en vue du fonctionnement du Dispensaire.

Montélimar. — Envoi au Comité central d'objets de lingerie confectionnés par les Dames de l'Ouvroir.

Neufchâteau. — Versé au Comité central. . .   300 fr. »»

Neufchâtel-en-Bray. — Versé au Comité central   200 fr. »»
Remis au Comité de secours départemental pour les
inondés de la ville   100   »»»

Nogent-en-Bassigny. — Versé au Refuge du
boulevard Pasteur . . . .   500 fr. »»
Au Comité central   107   »»

Nogent-le-Rotrou. — Envoi au Comité central de linge et de vêtements, dont partie a été achetée sur les fonds du Comité. Divers objets ont été confectionnés à l'Ouvroir.
Dépense évaluée 125 francs.

Orléans. — Versé au Comité central une somme de 700 fr. »»,
plus 30 fr. 30, produit d'une Quête, soit 736 fr. 30.
Envoi au Comité central de linge, vêtements, denrées alimentaires, etc., représentant une valeur de plus de 700 francs.
Envoi au Préfet d'une somme de 300 fr. pour les inondés de Montargis.

Pithiviers. — Versé à la souscription organisée à Pithiviers par
un Comité de secours aux inondés. . . . . . .   100 fr. »»
Frais d'achat d'étoffes et d'objets d'habillement . .   166   75
355 Objets d'habillement neufs et usagés envoyés au Comité central.
Dons en argent faits au Comité   65   »»

Poligny. — Versé à la Préfecture pour les inondés du Jura, 200 fr.

Privas. — Versé à la souscription nationale ouverte à la Trésorerie générale du Département . . . .   500 fr. »»

Provins. — *Compte rendu présenté par M. le Capitaine*
H. Prévost, *Président :*

Recettes : Somme votée par le Comité de Provins . . 1.000 »»
    Montant d'une souscription ouverte par le dit
    Comité . . . . 836 »»

            Total des Recettes. . . . . . 1.836 fr. »»
Dépenses : Vêtements et argent 1.207 80

            Reliquat à employer. . . . . . 628 fr. 20

Cette somme de 628 fr. 20 doit être employée ultérieurement, par les soins
du Bureau de notre Comité, à parfaire l'œuvre commencée.

Dans la somme de 1.207 fr. 80 employée, 977 fr. 80 ont été utilisés en
achats de vêtements pour hommes, femmes et enfants, linge, chaussures, draps
de lits et couvertures ; tous ces effets étaient neufs ; 230 fr. ont été distribués
en espèces.

Ces secours ont été accordés aux communes suivantes de notre arrondissement : Saint-Sauveur-lès-Bray, Mouy-sur-Seine, Villiers-sur-Seine, Saulnes,
Bray-sur-Seine, Noyen-sur-Seine, Hermé. Dans toutes ces communes, à l'ex-
ception de Noyen-sur-Seine, les secours ont été portés et remis directement
aux sinistrés par les Dames de notre Comité ; la plupart des personnes à
secourir avaient été signalées par les Maires.

En dehors de ces distributions, faites directement, des lots importants d'effets
ont en outre été remis aux Municipalités de Mouy-sur-Seine et de Noyen-sur-
Seine pour être répartis par les soins des Maires de ces deux communes.

Quimper. — Versé au Comité central . . . . 500 fr. »»
Envoi au Comité central de 350 kilos de conserves variées.
Don de M. Gautier, directeur d'usines de conserves alimentaires, à Quimper.

Saint-Gaudens. — Versé au Comité central . . 200 fr. »»

Sedan. — *Dons en argent faits par le Comité :*
Versé au Comité central . . . . 1.200 fr. »»
Versé à la Mairie de Sedan . . . . 500 »»
    Recettes : Souscription ouverte par le Comité . . . 397 fr. »»
    Produit net d'une Fête donnée le 5 mars . 1.785 65

            Total. . . . . 2.182 fr. 65

Les secours ont été distribués après enquête et par les soins de MM. Char-
pentier, Maire, et Bacot, Adjoint.

9

Dons en nature : Envoi de cinq colis au Comité central (vêtements, lingerie, etc.) pour hommes, femmes et enfants.

Un certain nombre de ces objets achetés et confectionnés aux Ouvroirs organisés pour les sinistrés.

Soissons. — (Voir Chapitre V, Hospitalisation des Enfants).

Troyes. — Nous avons reçu, le 21 janvier, environ une centaine de sinistrés : hommes, femmes, enfants. Les jours suivants, nous n'en comptions que 50, puis 40... et enfin le 13 février, dernier jour, il n'en restait que 15.

Le local a été mis gracieusement à notre disposition par le propriétaire, M. Rozard. Les dépenses ont été relativement peu importantes, en raison des dons que nous avons reçus de tous côtés, à la suite d'une note que nous avions fait paraître dans les journaux locaux.

La plupart des repas ont été offerts par des membres de l'Association, qui ont également donné du linge, des vêtements, de la bonneterie, etc. Nos dépenses se sont donc réduites à quelques repas, chauffage, paille pour les paillasses, blanchissage de draps et couvertures et quelques frais divers. Le tout s'élevant à la somme de 300 francs environ.

Tulle. — Versé au Comité central. . . . . 800 fr. »»
Provenant d'un Bal de charité donné à l'Hôtel de Ville.

Vernon. — Versé au Maire de Vernon, pour les inondés de la Ville, une somme de . . . . 1.000 fr. »»

ÉTRANGER

Bruxelles. — Versé au Comité central . . . . 600 fr. »»
Dont 500 fr. sur ses fonds et 100 fr. provenant du don particulier d'un des Membres du Comité.

Genève. — Versé au Comité central une somme de 100 fr. »»

Luxembourg. — Versé au Comité central . . . 200 fr. »»

CHAPITRE IV

OUVROIRS

travaillant pour les Sinistrés.

Quatre Ouvroirs ont été organisés :

    1° 29, Rue Emile Zola, à Paris ;
    2° 34, Rue de la Chapelle, à Paris ;
    3° 13, Rue d'Alsace, à Clichy ;
    4° 83, Avenue Victor-Hugo, à Paris.

Ces Ouvroirs ont fonctionné pendant toute la durée des inondations. Les trois premiers étaient placés sous la direction de Mme la Générale Roux et de sa fille, et le dernier sous celle de Mme la Comtesse DE BOURQUENEY. Ces Ouvroirs ont reçu de l'*Association des Dames Françaises* une somme de 1.500 francs, et une quantité considérable de coupons d'étoffes.

Les ouvrières employées appartenaient toutes à des familles sinistrées, et les effets confectionnés par elles étaient également destinés à des sinistrés, de sorte qu'on a accompli ainsi une double bonne œuvre.

Le nombre de vêtements de femmes et d'enfants livrés, tant à notre siège social, 10, rue Gaillon, qu'à notre Comité de Clichy, se se chiffre par centaines pour chacun des Ouvroirs.

On ne peut donc que féliciter et remercier bien vivement, les généreuses inspiratrices de ces organisations, pour tout le bien qu'elles ont fait.

CHAPITRE V

ENVOIS D'ENFANTS SINISTRÉS

dans des Stations favorables au rétablissement de leur santé

LES PETITS PARISIENS SINISTRÉS.

Arcachon. — *Rapport de* Mme GRUET, *Présidente du Comité de Bordeaux.*

Dès que l'Œuvre d'hospitalisation commença son organisation, la Présidente du Comité de Bordeaux offrit au maire d'Arcachon le concours de *l'Association des Dames Françaises*, lequel fut accueilli avec empressement. On demanda au Comité central l'envoi de 68 enfants des sinistrés de Paris et de la banlieue.

Les premiers furent envoyés le 25 février, les autres suivirent les 3 et 6 mars. Ces enfants étaient accompagnés à Arcachon par les dévouées Mme HENNEQUIN et Mme MARTIN, déléguées du Comité central de l'Association.

A son passage à Bordeaux tout ce petit monde fut reçu par la Présidente et des Dames du Comité de Bordeaux, qui offrirent une collation au buffet de la gare.

Après avoir fait l'envoi au Comité central de l'Association d'une somme de 500 francs prélevée sur le montant des premières souscriptions reçues au siège du Comité bordelais, d'une grande quantité de vêtements de tous genres destinés aux sinistrés de la Seine, il a réservé la plus grande partie des souscriptions recueillies pour l'achat de vêtements, chaussures, linge, etc., qui, joints aux nombreux objets offerts par le commerce d'Arcachon, ou confectionnés par les Dames de l'Ouvroir (organisé et dirigé sous l'impulsion active et charitable de Mme VEYRIER-MONTAGNIÈRES), ont été également ment répartis entre les enfants des différents groupes d'assistance, hospitalisés au Sanatorium maritime, et dont le nombre s'élevait, le 15 avril, à 170.

Mme A. Weill, du Comité de Bordeaux, a offert 150 coiffures pour garçons et fillettes.

Toutes les bonnes volontés se sont trouvées réunies et, pendant plusieurs semaines, les Dames d'Arcachon ont travaillé avec ardeur à l'accomplissement d'un devoir de charité et de solidarité.

Durant le temps de leur séjour, les enfants n'ont cessé d'être l'objet de la sollicitude de tous ceux qui ont collaboré à l'Œuvre de l'Hospitalisation.

Les Dames du Comité de Bordeaux ainsi que les Dames du Comité d'Arcachon ont secondé Mme Veyrier-Montagnières dans sa généreuse tâche, en allant visiter fréquemment les enfants, faire des distributions de jouets et objets de toutes sortes.

Les enfants ont été photographiés sur des cartes postales envoyées aux familles ; ils ont assisté à plusieurs fêtes données à Arcachon. Chaque jour étaient organisées des promenades en forêt ou au bord de la mer, que la plupart d'entre eux n'avaient jamais vue ! Ils ont bénéficié d'une cure d'air salutaire et l'état sanitaire a été très satisfaisant.

Après un séjour de sept semaines au Sanatorium maritime, le samedi 16 avril, 55 enfants sur 68 étaient ramenés à Paris dans leurs familles par les soins de Dames du Comité central de l'Association.

M. Veyrier-Montagnières, Maire d'Arcachon, d'accord avec le Syndicat d'Initiative, a bien voulu faire bénéficier 14 de nos pupilles d'une prolongation de séjour, soit sur la demande des parents, soit sur le désir exprimé par les enfants eux-mêmes, soit pour des motifs d'ordre particulier. Si la joie était grande au départ vers le pays inconnu, elle n'aura pas été moindre au retour de tout ce petit monde retrouvant « la maman. »

Il n'en est pas moins certain que, pour tous ces enfants, le souvenir du temps passé à Arcachon restera un des meilleurs. Ce sera la récompense des généreux promoteurs de cette œuvre de bonté et de leurs dévoués collaborateurs.

Les souscriptions reçues par le Comité de Bordeaux et celui d'Arcachon se sont élevées à la somme de 1.590 francs, dont 500 francs ont été adressés au

Comité central pour être répartis : 150 francs au Comité de Charenton, 150 francs au Comité de Saint-Germain, 200 francs au Refuge organisé boulevard Pasteur, à Paris. — Il a été adressé aussi au Comité central une caisse contenant des vêtements de tous genres pour les sinistrés de Paris et de la banlieue.

Les Comités d'Arcachon et de Bordeaux ont employé le solde restant *de 790 francs* en vêtements, chaussures, lingeries de tous genres, spécialement distribués aux 68 enfants envoyés par l'Association au Sanatorium. De plus ont été faites des distributions de jouets, objets divers, timbres-poste pour la correspondance aux parents, photographies des enfants sur cartes postales et goûters offerts aux enfants lors de leur passage en gare de Bordeaux.

La somme de 300 francs restant en caisse a été réservée pour être attribuée à des enfants dont la situation est digne d'un intérêt tout particulier. Les motifs qui ont fait réserver cette somme sont les suivants :

La mère quittait le foyer familial avant les inondations. Le père restait seul. L'aînée, une fillette de 12 ans, a été atteinte, peu de temps après son arrivée au Sanatorium, de broncho-pneumonie double — elle est rétablie à présent. Elle avait contracté le mal en participant au sauvetage de ses frères (6 et 9 ans).

Mme Veyrier-Montagnières a décidé de prolonger aussi longtemps que possible le séjour de ces enfants à Arcachon ; à leur départ il sera fait un examen sérieux de leur situation et emploi des 300 francs, sous la forme qui leur sera le plus profitable.

Montfort-l'Amaury. — Par les soins du Comité central 33 enfants ont été envoyés à Montfort-l'Amaury et logés, les fillettes, dans les locaux de la colonie de vacances offerts par M. Desmazures, les garçonnets, dans un local dépendant de l'hospice, du moins ceux de l'âge scolaire, les plus petits restant à la colonie, sous la surveillance des Sœurs de Saint-Vincent de Paul. Les plus grands ont été envoyés à l'école pendant la durée de leur séjour.

Ces enfants ont été très bien soignés ; les garçons ont été pesés et ont gagné, dans leur court séjour, de un à deux kilogrammes. On leur a fourni des vêtements, etc.

Nous avons eu, tout compté, 2,108 journées d'hospitalisation et nous aurions pu en fournir encore un millier si la menace de diphtérie ne nous avait imposé un licenciement prématuré. Le mal étant survenu chez les filles, nous avons renvoyé les garçons dès le 19 mars pour n'avoir pas à les exposer. Les filles sont parties presque toutes le 25.

Les soins ont été donnés par les Sœurs de la Colonie et celles de l'Hospice. Des Dames ont donné leur concours pour recueillir des fonds et confectionner des vêtements.

Nice. — *Rapport de* M*me* BORRIGLIONE, *Présidente du Comité de Nice.*

L'émotion fut grande, très grande à Nice, comme dans toute la France d'ailleurs, on peut même dire dans l'Europe entière, lorsque la nouvelle se répandit et se répéta pendant de longs jours, des désastres causés par l'inondation de Paris et de sa banlieue. La saison hivernale battait alors son plein ; la foule cosmopolite était considérable et les halls des journaux où étaient publiées les dépêches étaient inabordables.

Dès la première heure des souscriptions s'ouvrent, et notre Comité, non moins ému que la foule, songe aussitôt à faire son devoir. Il fait appel aux bonnes volontés. Il recevra les dons en espèces et en vêtements, qui seront expédiés aussitôt à notre Comité central, qui dès la première heure, est sur la brèche, et qui répartira judicieusement sur place les secours aux nécessiteux.

Quelques jours se passent ainsi, fiévreux, les nouvelles étant toujours mauvaises, effrayantes ! Le Comité de Nice, décide alors de consacrer le produit de sa loterie annuelle, à ce moment là en organisation, aux inondés de Paris.

Sur ces entrefaites, un Comité se constitue à Nice, dans le but très louable de recueillir à Paris et dans la banlieue, autant d'enfants malheureux qu'on pourra en faire venir, pour les soustraire momentanément aux misères et aux maladies, résultat probable et presque inévitable de la situation créée par le fléau.

Ces enfants transportés ainsi, sous les bienfaisants rayons de notre soleil, devaient, dans l'esprit du Comité organisateur, être hospitalisés dans des locaux appartenant à la ville. Le Comité des « Petits Parisiens à Nice » fit alors une démarche auprès de la Présidente de l'*Association des Dames Françaises*, pour demander son concours, qui lui fut promis sous certaines conditions. En présence de ce projet humanitaire, il n'était pas permis de rester indifférent, et nous résolûmes de donner notre aide au Comité des petits Parisiens, dans son œuvre, encouragés d'ailleurs, par l'élan généreux de toutes les classes et de toutes les opinions groupées autour du Comité.

Notre Association pensa alors à reporter sur l'œuvre d'hospitalisation des enfants de Paris le produit de sa loterie qu'elle destinait primitivement aux inondés, par l'intermédiaire du Comité central. Notre initiative était ainsi plus directe, mais le but restait le même.

Le 4 mars, un premier convoi de 110 enfants, la plupart de la banlieue amont de Paris, arrivent à Nice. Ils sont divisés en 4 groupes correspondant à des locaux plus ou moins spacieux, mis à la disposition du Comité, par la municipalité, dans des écoles ou dans des hospices.

Le groupe attribué plus spécialement aux Dames de notre Comité se compose de 20 fillettes d'Ivry, Clichy, Joinville-le-Pont et Bercy, Elles sont hospitalisées dans un asile destiné à recevoir des vieillards, non encore complètement occupé, de construction toute moderne, dégagé de tous côtés, et jouissant du grand air et du soleil, sans obstacle.

L'ordinaire des enfants y est organisé dans la cuisine commune, Elles ont un réfectoire et un dortoir à elles seules, un lavabo, une salle de bains, un préau couvert et vitré en cas de mauvais temps, et une vaste cour pour prendre leurs ébats et se livrer à leurs jeux.

Dès le premier jour un groupe assez important de Dames de l'Association sont venues, comme pour une petite mobilisation, offrir leurs services et surtout leurs aiguilles à l'infatigable organisatrice qui est l'âme de tout ce mouvement et qui, prévoyant avant même l'arrivée des enfants, la maigreur du trousseau apporté, avait fait achat conditionnel, de chemises, robes, jupes, bas, manteaux, chapeaux et chaussures. Heureuses précautions, car les pauvres petites n'avaient, en général, aucun effet ni vêtements de rechange, et beaucoup, en guise de chaussures, avaient des sabots-galoches.

Le dortoir était pourvu de bons lits, et, de bonne heure, la fatigue d'un voyage de 25 heures en wagons aidant, tout ce petit monde s'est endormi, dans des rêves variés.

Dès le lendemain un tableau d'emploi de la journée était mis en application. Mais il fallait là une surveillance constante de tous les instants. On ne pouvait confier la direction de ce petit pensionnat

qu'à une personne dévouée et de bonne volonté, qui eût une autorité suffisante pour en imposer à tous ces petits caractères rien moins
que disciplinés.

La recherche ne fut même pas nécessaire ; car Mlle ENGEL, la toute
dévouée infirmière du Sud-Oranais et des hôpitaux de Naples,
vint s'offrir, comme si ce fût tout naturel, pour prendre la direction,
avec deux femmes de peine engagées pour la seconder, des enfants
hospitalisées, et se consacrer à vivre, jour et nuit, au milieu d'elles,
à les habiller, procéder à leur toilette, etc., faisant abnégation de
ses propres répugnances, car tout ce petit monde était loin d'avoir
des instincts de propreté. Au bout de quelques jours l'organisation
était complète et tout allait à merveille !

Un Ouvroir organisé dans l'établissement fonctionnait tous les
jours, et, sous la direction de Mme HATREL, des Dames dévouées
travaillèrent avec un admirable entrain à la confection d'un petit
trousseau individuel, en prévision des besoins courants et du retour
prochain de nos pupilles dans leurs familles.

Parmi les Dames qui se sont journellement dévouées à ces travaux et se sont particulièrement occupées de ces enfants, nous
sommes heureux de citer Mmes FAIDY, ROMANILLE, DE MAGNIN,
DUBOIS et MOUREAUX, qui les ont promenées, choyées et ont cher-
ché à remplacer dans une large mesure les mamans absentes.

Au bout de six semaines d'hospitalisation, nos enfants et leurs
camarades des autres groupes ont été reconduits dans la capitale, où
les parents ont eu la joie de les recevoir tous bien portants et pourvus d'un petit trousseau, qui enlèvera aux parents occupés à reconstituer leurs foyers, le souci matériel de songer à habiller leurs chers
petits pour un certain temps.

Telle est, en résumé, la part prise par l'*Association des Dames
Françaises*, dans l'œuvre humanitaire des petits Parisiens à Nice,
par les soins de laquelle, près de 500 enfants de Paris auront été
arrachés à la misère pendant six semaines, venant ici respirer le soleil
et la santé. Notre concours pécuniaire aura été de 3.000 *francs* et
d'une somme de dévoûment inappréciable.

Nous en adressons à toutes celles qui se sont ainsi multipliées,
nos plus vifs et nos plus sincères remercîments.

Soissons. — *Rapport de* Mme J. MACHEREZ, *Présidente.* — Le Comité des Dames Françaises de Soissons a pris l'initiative, après entente avec l'administration des Hospices, d'une part, et la communauté des Sœurs de l'Enfant-Jésus, de faire installer dans les locaux de ces deux immeubles, une trentaine de lits pour recevoir les sinistrés que le Comité central de Paris désirait hospitaliser à la campagne. *Ces trente lits ont été occupés du 20 février au 25 avril* par plusieurs colonies de sinistrés, comprenant un effectif total de plus de 70 personnes, pour le plus grand nombre fillettes et garçonnets.

Le Comité de Soissons a donc dû assurer la nourriture et le coucher à 70 sinistrés, représentant pour l'ensemble *2.100 journées* d'hospitalisation, correspondant à la fourniture de *4.200 repas* ; et cela avec un budget de *3.500 francs* environ, auquel il faut ajouter les nombreux dons en denrées alimentaires, boissons et charbon dûs exclusivement à la générosité de nos concitoyens de l'arrondissement de Soissons.

De plus, non seulement ces 70 sinistrés ont été entretenus de linge, vêtements et chaussures, pendant leur séjour parmi nous ; mais tous, avant leur départ, ont été dotés d'un petit trousseau leur permettant de faire bonne figure à leur retour dans la capitale ; et cela grâce au travail quotidien et incessant de l'ouvroir des Dames Françaises de Soissons, dirigé par Mme la Générale JOURNÉE, Mme J. MACHEREZ et Mlle Suzanne BERSON.

Notre Comité a tiré les dons en argent et en nature exclusivement de la générosité des habitants de Soissons et des communes de son arrondissement, qui ont répondu avec empressement au pressant appel qui leur a été adressé au nom de *l'Association des Dames Françaises.* Au même appel a répondu la voix de la presse Soissonnaise, qui nous a apporté un concours aussi dévoué que désintéressé, en publiant chaque jour la liste des dons reçus en argent ou en nature avec le nom des donataires.

A ces ressources il faut ajouter la recette d'un Concert donné le 16 février et qui a produit un bénéfice net de 1.285 francs.

Indépendamment des sinistrés Parisiens, le Comité de Soissons a eu à s'occuper de quatre familles Soissonnaises chargées d'enfants, que la crue de l'Aisne avait éprouvées. Nourriture, vêtements et linge leur ont été distribués ; une allocation de 100 francs a été partagée entre deux ménages pour la réfection de leur mobilier. C'est un beau résultat duquel le Comité de Soissons a le droit d'être fier, ainsi que la population Soissonnaise tout entière. L'organisation des différents services qu'a nécessitée cette hospitalisation a été assurée par les soins de M. L. GROS DE PELLICOT, qui n'a ménagé ni son temps ni sa peine.

NOTE ADDITIONNELLE.

Les dépenses faites par le *Comité central* à l'occasion de ces envois d'enfants, ainsi que celles auxquelles ont donné lieu les voyages des Dames qui sont allées les conduire, puis les reprendre, ne dépassent pas 1.600 francs.

L'Association renouvelle ses remercîments et l'expression de sa reconnaissance à MM. les Directeurs des Compagnies de chemin de fer qui ont bien voulu accorder des permis de circulation sur leurs lignes. C'est grâce à leur générosité qu'elle a pu obtenir d'aussi beaux résultats, en réduisant la dépense qui lui incombait au strict nécessaire.

L'Association réitère également ses remercîments émus aux vaillantes Dames qui ont mis toute leur intelligence et tout leur cœur au service de ce petit monde d'enfants, pour qui leur jeune âge rendait la détresse générale plus particulièrement pénible et intéressante.

CHAPITRE VI

CONSIDÉRATIONS FINALES

De la lecture des Rapports précédents il ressort que l'*Association des Dames Françaises*, a reçu de sources étrangères à l'œuvre, Syndicat de la Presse parisienne, Croix-Rouges d'Italie, de Russie, de Roumanie, des Etats-Unis, Compagnies des chemins de fer de Bône, d'Orléans, Société hippique et art moderne, une somme de 290.750 francs, plus, pendant l'impression de ce Rapport, 43.352 francs provenant : de l'Ambassade des États-Unis, 12.000 francs ; du Cercle de Manchester, 7.558 francs ; de l'Institut de France, correspondant anglais, 2.500 francs, et qu'elle a donné, tant en argent qu'en vêtements, aliments, mobiliers, etc., plus de sept cent quarante mille francs de secours. La différence de plus de 400.000 francs, entre ce qu'elle a reçu de ces sources étrangères à son fonctionnement ordinaire et ce qu'elle a donné, a été comblée par les dons faits par ses Comités ou par les dons individuels de ses adhérents ; c'est-à-dire que ces 400.000 francs, elle les a tirés d'elle-même.

On a pu constater, d'autre part, avec quel soin minutieux les secours ont été répartis entre les véritables sinistrés, proportionnellement à leurs besoins et à nos ressources, et le lecteur se sera souvent senti pénétré d'admiration pour tous les vaillants, hommes et femmes, qui, pendant plus de quatre mois, ont sacrifié sans compter leur temps, leurs forces et pour quelques-uns leur santé même, pour le sauvetage des inondés et la distribution des aliments et des vêtements. On a certainement remarqué aussi comment tous ces secours ont été contrôlés et vérifiés ; des commissaires délégués ont bien voulu se rendre dans les Comités sinistrés pour s'assurer de l'emploi régulier des sommes mises à leur disposition ; puis pour être certains que nos dons étaient bien restés là où on les avait jugés nécessaires. Ces commissaires étaient MM. THURNEYSSEN, SCHWARTZ, SUZOR, MEAUX SAINT-MARC ; Mmes JAURÈS, CARNOT, DESSIRIER, LOUIS ADAM, POIDATZ.

Il n'échappera à personne que si nos secours, en personnel et en matériel, ont pu être prêts dès les premiers jours du fléau, c'est que presque tous les Comités inondés possédaient déjà le personnel et le matériel de leurs hôpitaux auxiliaires du territoire, et c'est ainsi que la préparation à notre rôle en cas de guerre a puissamment aidé l'organisation du sauvetage des victimes de l'inondation. Les événements ont donc justifié une fois de plus l'heureuse inspiration de l'*Association des Dames Françaises*, lorsque, la première en France, elle a uni dans ses statuts les secours aux victimes des calamités publiques aux secours pour le cas de guerre. Ces lamentables inondations ont été pour beaucoup de nos Comités l'occasion d'une véritable mobilisation : elle s'est effectuée avec ordre, avec entrain, avec persévérance et elle nous donne le droit de conclure que l'armée de la charité des femmes, que nous nous attachons depuis 33 ans à créer et à compléter, répond à nos efforts et à nos espérances ; honneur à elle !

Les réflexions se pressent sous notre plume à propos de ces faits, nous ne pouvons les consigner toutes ici ; mais pourtant nous devons faire ressortir la bonne entente, la communauté d'idées et de sentiments qui se sont manifestées entre tous nos Comités ; cette union des cœurs et des esprits est le fruit des directions imprimées par le Comité central ; elle constitue une force bien précieuse pour le présent, un gage de vitalité pour l'avenir.

De fréquentes erreurs commises dans les récits, fort intéressants d'ailleurs, faits par la Presse, nous obligent à rappeler à nos lecteurs qu'il n'y a pas en France une Société qui s'appelle de son vrai nom la *Croix-Rouge* ; trois Sociétés composent la Croix-Rouge française ; chacune d'elles a son nom et son administration distincts. En libellant simplement, dans les legs ou les dons, la Croix-Rouge française, on s'expose à voir les générosités ne pas prendre la direction qu'on avait voulu leur donner plus particulièrement ; il importe donc beaucoup de désigner par son nom la Société qu'on a en vue, ou de dire : *aux trois Sociétés de la Croix-Rouge française*.

Puissions-nous maintenant, après les preuves éclatantes de sa grande utilité et de sa haute valeur morale données par l'*Association des Dames Françaises*, voir ses rangs se grossir dans toutes les régions de notre patrie ; puissent toutes les femmes de cœur et d'intelligence, qui abondent dans notre beau pays, comprendre combien il leur est facile, en se joignant à nous, d'accomplir les belles actions qui honorent une famille, de répandre des bienfaits autour d'elles et de lutter même contre les violences de la nature !

Qu'on le sache bien et qu'on le répète, l'*Association des Dames Françaises* est largement ouverte à toutes les bonnes volontés ; profondément imbue des principes nécessaires à l'ordre social, profondément dévouée à l'armée qui en est la sauvegarde, elle n'est inféodée à aucun parti ; elle respecte toutes les croyances religieuses ; elle admire et glorifie toutes les belles actions de charité et de patriotisme ; elle doit rallier toutes les Françaises dignes de ce nom !

Dr DUCHAUSSOY.

TABLE DES MATIÈRES.

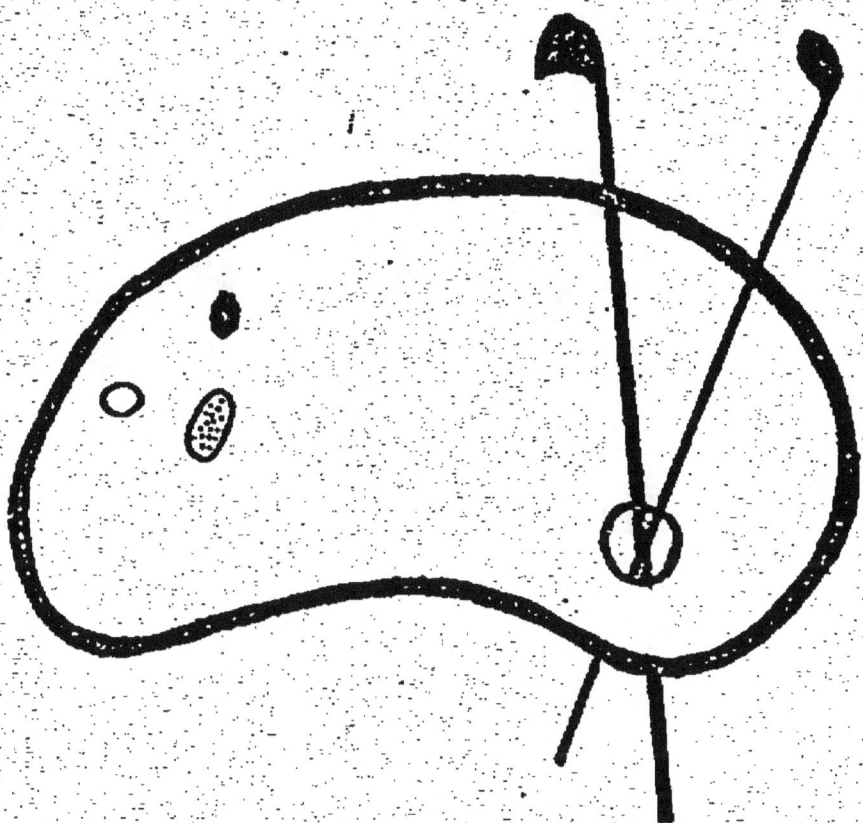

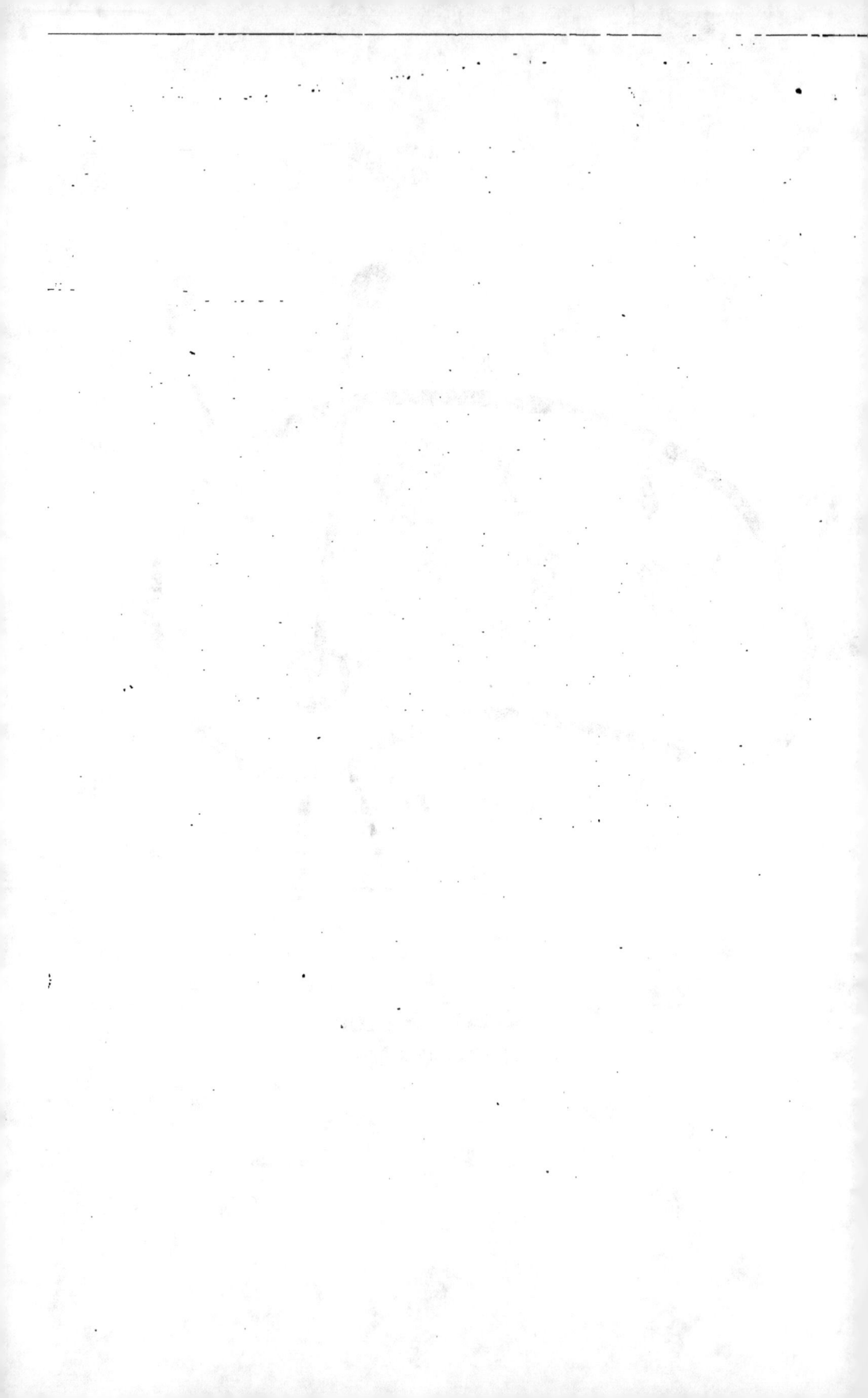

www.ingramcontent.com/pod-product-compliance
Lightning Source LLC
Chambersburg PA
CBHW052205270326
41931CB00011B/2229